GUÍA PARA LIDIAR CON LA ANSIEDAD Y ATAQUES DE PÁNICO (OVERCOMING ANXIETY & PANIC ATTACKS: SPANISH EDITION)

DOS LIBROS QUE TE AYUDARÁN A RETOMAR EL CONTROL DE TU VIDA.

ED JONES

LIBRO UNO

Venciendo la ansiedad:

Cómo la ansiedad te está matando y lo que puedes hacer al respecto.

1

La ansiedad puede matarte. Se escucha un poco fuerte, pero es verdad. Aquí me refiero en el sentido metafórico, ya que la ansiedad y el estrés pueden impedir de vivir a tu máximo potencial. También me refiero en el sentido literal.

Creo que es un gran desperdicio.

Todos pasamos momentos en nuestras vidas donde estamos estresados o ansiosos. Algunas personas pueden tomar el estrés por los cuernos y enfrentar lo que sea que les esté ocurriendo. Otros (incluyéndome a mí) tienen más dificultad de sobrellevar el incremento de la tensión y la aprehensión.

La ansiedad es un problema de salud mental en su núcleo, pero cuando se es prolongada puede llevar a síntomas debilitantes muy reales además de desordenes. Estos pueden comenzar en cosas relativamente inocuas (tales como problemas digestivos o condiciones en la piel inexplicables). Cuando se dejan sin examinar, los problemas pueden empeorar y llevar a desórdenes como la depresión y el insomnio.

Después de un periodo extendido de constante ansiedad y estrés, tu cuerpo es más propenso a condiciones más serias y a veces hasta situaciones de vida o muerte, tales como enfermedades cardiacas, hipertensión y la diabetes. Algunas personas están comenzando a atribuir este constante estrés en el cuerpo a ciertos tipos de cáncer también.

Con todos estos resultados negativos, ¿por qué alguien querría pasar el resto de su vida así: deprimida, ansiosa y con miedo? No es justo. Quisiera ayudar.

Habiendo experimentado un sinfín de problemas con el estrés, ansiedad, honestamente puedo identificarme cuando la gente me dice que están pasando por tiempos difíciles.

La ansiedad estaba aniquilando mi vida social porque sufría de agorafobia, es decir, me causaba mucho miedo salir de casa. La ansiedad también estaba impactando directamente mis finanzas_ no podía salir de casa así que no podía ir a trabajar; perdí mi trabajo (otra añadidura a mi miseria)! Cuando reconocí que la ansiedad estaba tomando control de mi físicamente, sabía que debía hacer algo. My espalda estaba constantemente anudada y muy apenas podía mover mi cuello. Estaba constantemente exhausto. Tenía ataques de pánico casi cada vez que abandonaba la casa y mi estomago estaba constantemente hinchado e incomodo, sin importar lo que comiera. Sabía que debía hacer un cambio y componerme a mi mismo antes de que esta horrible condición me destruyera.

Afortunadamente, existe un sinfín de información que es accesible con facilidad. No todo fue excelente y no todo me funcionó, pero otras sí. Cierta información hacia una diferencia mínima y otra hacia TODA la diferencia. Gracias a todo lo que he aprendido, ahora puedo vivir mi vida al máximo! Tengo un trabajo que amo, una hermosa mujer a mi lado y más energía de la que creí sería posible tener!

Y la buena noticia es que tu también puedes tenerlo!

Hay varias maneras de combatir la ansiedad y el estrés. He descubierto que algunos de los remedios más poderosos y sencillos son todas soluciones naturales.

Lo sé, lo sé, suena como algo escrito por un hippie, pero te doy mi palabra, que las estrategias en este libro pueden cambiar tu vida. Me han cambiado a mi. Ya no estoy preocupado por tener ataques de pánico. Ya no padezco de agorafobia. Ya no soy hipocondriaco. Me deshice de mi miedo a las alturas y nunca he sentido más seguridad en mi mismo que ahora.

Y todo eso me tomó solo tres semanas de aplicar todos los pasos que he compartido contigo en este libro.

Quizá seas escéptico. Pero ten en consideración que yo tampoco tenía idea de lo que hacía en un principio. Con una guía como esta, podrás salir adelante mucho más rápido!

Escribí este libro para un grupo de personas con una variedad de retos. De manera que cubro muchos rubros. Habrá información muy relevante que te puede ser de apoyo, y quizá también información no tan relevante.

Este libro fue escrito para que rápidamente puedas accesar a todas las herramientas que te sean más pertinentes. Eso significa que no tienes que leer el libro de principio a fin. De hecho, espero que la mayoría no tenga que hacerlo!

Lo único que si honestamente recomiendo es que todos lean la **TECNICA CLAVE**, pues esta te dará el retorno más rápido (y a veces, el más potente) a tu momento.

Si esto no ha resuelto tu situación en su totalidad, pásate directamente a los capítulos que te sean de mayor relevancia. Considera un buffet: escoge aquellas cosas que son de más interés para ti.

No te sientas culpable si no lees el libro completo. Dale valor a aquellas partes que escribí solo para ti y obtén las herramientas para mejorar tu vida!

¿Qué tipo de problemas me ayudará este libro a superar?

En mi libro anterior a este, *Venciendo los Ataques de Pánico,* exploré algunos de los pasos que seguí para resolver mis propios conflictos de ataques de pánico. Abordé algunas técnicas potenciales para aplicar y realmente quería expandirles, ya que son de utilidad no solo para aquellos que sufren de pánico.

Este libro se enfoca en las batallas asociadas con la ansiedad en general. Estaré cubriéndolo todo, desde afirmaciones hasta los suplementos. Estas herramientas pueden ser increíblemente poderosas y de gran apoyo en el rango de retos que la gente enfrenta: depresión, Desorden General de Ansiedad (DGA), fobias, insomnio, y muchas más.

Aún si no tienes diagnosticadas alguna de estas pero sabes que estas estresado, los consejos y ejercicios en este libro pueden ser de mucha ayuda.

Mencionaré los principales retos a detalle en sus capítulos individuales, solo ten en cuenta que estas técnicas y herramientas realmente pueden ayudar a cualquiera a tener una vida más plena y libre de estrés.

CAPÍTULO UNO: LA RESPIRACIÓN

¿*P*or qué es importante controlar la respiración?

Todos tenemos que respirar, ¿cierto? Si no respiras, no haces prácticamente nada de lo demás. Pero, ¿por qué es tan importante el controlar la respiración? Quizá estés pensando: *"Me ha ido muy bien en la vida y he respirado perfectamente por mi solo"*

Es verdad. Y para mucha gente, aprender a *"respirar"* no es algo que les interese.

No obstante, deberían estar **MUY** interesados.

En nuestro caso, nos referimos a como la respiración puede alivianar síntomas de ansiedad y otras condiciones relacionadas_ ocurre casi milagrosamente.

3

RESPIRACIÓN ANSIOSA

Cuando nos sentimos ansiosos, nuestro respirar cambia. Comenzamos a hacer exhalaciones más cortas, rápidas, y poco profundas, a veces hasta hiperventilamos. Esto es comúnmente conocido como *"sobre-respirar"*.

Este libro proveerá de técnicas para controlar la *"sobre-respiración"*. Este tipo de respiración puede hacerte sentir aún más ansioso al incrementar el ritmo cardiaco, provocando vértigo y migrañas (no exactamente algo que quieras contraer cuando tratas de relajarte)

Es sorprendente cuán reales los síntomas físicos pueden ser cuando se trata solo de pensamientos en tu cabeza y un poco de respiración. El resultado es que puedes arreglar todos estos problemas con las mismás herramientas.

Las técnicas de respiración son fantásticas, herramientas portables a las que puedes recurrir cuando sientas ansiedad. No obstante, algunas de ellas requieren de práctica (no demásiada, así que no te preocupes)

La razón por la que funcionan tan bien es porque rápida y efectivamente extingue la reacción del cuerpo de lucha y huída, ésta última siendo la razón primordial por la cual experimentas los síntomas físicos relacionados con la ansiedad.

Los ataques de pánico y los DGA son ejemplos de cuando tu cuerpo entra en estado de lucha-y-huida por un periodo de tiempo corto o largo. En otras condiciones (como lo es la depresión), podría ser el resultado de tu cuerpo en estado de lucha y huída por tanto tiempo que comienza a retraerse, y genera pensamientos negativos asociados con toda la energía consumida peleando por un tiempo tan prolongado.

Si bien la respiración nos causó esta desdicha, sin duda alguna puede librarnos de lo mismo.

Apégate a mí en lo que estas por aprender de algo que podrá cambiar tu vida.

4

TÉCNICA CLAVE

Hay mucha información en el libro. Esperemos que al menos alguna de ella sea de ayuda.

Si eres igual que yo, comprarías un libro de autoayuda, lo leerías, tomarías notas quizá y sentirte motivado. Después recordarías quizá solo una cosa del libro.

Te ahorraremos tu tiempo_ con esto UNICO_ el método de *respiración 4-7-8*

Todas las técnicas detalladas en este libro ayudarán a alguien. Algunas de ellas son específicamente para experiencias que ocurren en el momento, tales como los ataques de pánico. Otras son para situaciones que se viven al momento, como lo es la depresión o la DGA. Pero todas ellas están diseñadas para ayudar a tomar el control de tu fisiología de nuevo.

¿Qué es la respiración 4-7-8?

Desarrollada por el Dr. Andrew Weil, la respiración 4-7-8 ha sido descrita como "un tranquilizador natural para el sistema nervioso". Esto suena tal como lo que necesitamos!

Este método cuenta con algunos de los mismos beneficios de reducción del estrés que la mediación y ayuda a relajar tu cuerpo casi inmediatamente. A continuación algunas citas del inventor que ayudan a explicar la técnica:

"La práctica de una respiración regular y consciente puede ser calmante y energizante, y puede incluso ayudar con problemas de salud relacionados con el estrés que abarcan desde ataques de pánico a desordenes digestivos."

"Como el respirar es algo que podemos controlar y regular, es una herramienta útil para adquirir un estado mental relajado y despejado."

"[Respirar es] el mejor método anti-ansiedad que he experimentado."

¿Porqué utilizarlo?

La razón por la que resalto esta técnica es porque es sencilla y fácil de recordar cuando estás en un estado de pánico. También funciona muy, pero muy bien.

Ésta fue la primera técnica de respiración que utilicé y jugó un rol muy GRANDE en mi travesía para alivianar mi ansiedad y ataques de pánico.

Puedes hacerlo en público sin parecer como un loco en la calle (importante si estás teniendo un ataque de pánico en un área pública y no puedes hacerte a un lado)

En este mundo moderno, podemos ser constantemente bombardeados con cosas que nos dejan con un sentido de inseguridad y de estrés. Esta rutina puede llevar a nuestros cuerpos y mentes a acostumbrarse a vivir en un estado constante de lucha y huída, el cual puede ocasionar todo tipo de problemas en el cuerpo, tales como

- Estrés elevado de hormonas.
- Respiraciones poco profundas
- Desencadenar pánico y ataques de ansiedad.
- Incremento en la presión sanguínea

Todas estas son reacciones naturales y normales de nuestro sistema de respuesta ante el estrés pero estos pueden empeorar por nuestro ambiente. Por fortuna, usando técnicas tales como la respiración 4-7-8, puedes tomar control de tu fisiología nuevamente fácil y rápidamente.

Método

¿Entonces como pones a prueba esta técnica mágica?

1. Siéntate cómodamente con la espalda recta
2. Coloca la punta de tu lengua en la cresta de la encía, justo detrás de los dientes frontales.
3. Expande el diafragma y lentamente inhala por la nariz en un conteo de **cuatro**
4. Contén la respiración por otro conteo de **siete.**
5. Abre la boca ligeramente y exhala por **ocho** conteos, contrayendo el diafragma.
6. Repite el ciclo cuatro veces

Siempre querrás inhalar silenciosamente a través de la nariz y exhalar audiblemente por la boca. La punta de la lengua se mantiene siempre en la misma posición todo el tiempo. La exhalación debe tomar el doble que la inhalación.

El tiempo total invertido en cada ciclo no es importante; la proporción de 4:7:8 es lo que cuenta . Si estas teniendo problema manteniendo la respiración, acelera el ejercicio para mantener el ritmo, pero mantén la proporción de 4:7:8 en los últimos tres ciclos. Después de adquirir práctica, podrás reducirlo en lo que te acostumbras a inhalar y exhalar más profundamente.

El proceso entero toma solo un par de minutos y puede instantáneamente extinguir el estado de lucha y huída. Es ideal si estás pasando por un ataque de pánico o simplemente necesites relajarte rápidamente.

El Dr. Weil recomienda la práctica de la "respiración relajada" dos veces al día por al menos de seis a ocho semanas para perfeccionarla.

Una vez que domines el acto, el Dr. Weil también ha revelado que la técnica se vuelve cada vez más efectiva. Menciona que la gente ha aplicado esta práctica no solo para la ansiedad y el estrés sino para otros usos tales como alivianar los antojos (o deseos)

¿Qué esperar?

Quizá te encuentres con un poco de mareo después de hacer el ejercicio las primeras veces. Esto es completamente normal y pasará rápidamente. El Dr. Weil sugiere no exceder de más de cuatro respiraciones a la vez en el primer mes de práctica (así que sigue el consejo del buen doctor)

A pesar de que los efectos calmantes de este ejercicio contra la ansiedad puedan ser experimentados de inmediato, el verdadero poder de esta técnica viene con la práctica diaria. Al poner conscientemente en práctica esta rítmica más profunda, creamos patrones subconscientes de respiración más efectivos, integrando así los efectos fisiológicos a nuestra vida diaria. Con suficiente práctica, podrás comenzar a respirar más profundamente sin siquiera pensarlo.

Al usar esta técnica para aprender a relajarte a la hora de dormir (se analizará más tarde), habrá quienes te digan que no recuerden haber pasado del primer ciclo del 4:7:8 antes de haberse quedados dormidos!

Este es un método sencillo que puede eficazmente frenar la ansiedad creando casi instantáneamente un sentido de calma, y de paz interior y que extingue el estado de lucha y huida. Hace decrecer la reacción inflamatoria del cuerpo estimulada por las hormonas del estrés.

Inténtalo. Agradéceme después.

CAPÍTULO DOS: DESORDEN GENERAL DE LA ANSIEDAD

¿Qué es el Desorden General de la ansiedad (DGA)?

El GAD puede ser una condición en el largo plazo que causa que alguien se sienta ansioso sobre una gama amplia de situaciones y problemas en lugar de enfocarse en un evento en específico.

La gente que padece de GAD se siente ansiosa la mayoría de los días y con frecuencia batallan para recordar la última vez que se sintieron relajados. Tan pronto como concluye un pensamiento ansioso, otro puede surgir sobre un asunto diferente.

El GAD puede causar síntomas tanto psicológicos

como físicos. Estas pueden variar de una persona a otra, pero incluyen cualquiera o varios de los siguientes elementos.

Inquietud

- Una sensación de temor
- Sentirse constantemente "al borde"
- Dificultad de concentración
- Irritabilidad
- Vértigo
- Cansancio
- Palpitaciones del corazón notablemente fuertes, rápidas o irregulares
- Tensión y dolor en los músculos
- Escalofríos o temblores
- Sequedad en la boca
- Transpiración excesiva
- Falta de aliento
- Dolor de estómago
- Malestar
- Dolor de cabeza
- Alfileres y agujas
- Dificultad para dormir (insomnio)

CATALIZADORES DE LA ANSIEDAD

Si te sientes ansioso por una fobia en especifico o por algún desorden de pánico, por lo general conocerías la causa. Por ejemplo, si padeces de claustrofobia (temor a espacios confinados), sabrás que estar confinado a un espacio pequeño catalizará tu ansiedad.

Sin embargo, si padeces de GAD, quizá no siempre determines la causa de tu ansiedad. El no conocer que cataliza tu ansiedad puede intensificarla y quizá puedes empezar a preocuparte de que no exista una solución.

La gente que padece de GAD también pueden notar que son más propensos a otro tipo de trastornos relacionados con la ansiedad como lo son la hipocondría, ataques de pánico, etc. Esto es algo por lo que yo mismo viví; me tomó mucho tiempo antes de descubrir como retomar el control en mi vida.

Mi experiencia.

Dada la naturaleza crónica y constante (relativamente) de los síntomas, muchas personas quizá ni siquiera sepan que padecen de GAD. Yo ciertamente me encontraba con la idea de, *"Me siento bien. A veces quizá me sienta un poco estresado, pero fuera de eso estoy bien."*

El problema era que *no* estaba bien. Mi cuerpo estaba constantemente en modo de lucha y huida. Esto es increíblemente agotante tanto en el cuerpo como en la mente.

Para combatir mis primeros síntomas, comencé a consumir cafeína para mantenerme despierto y concentrado. Esto funcionó por un periodo de tiempo breve, y después cesó de tener efecto. Traté de consumir aún más cafeína, pero no son muchas las tazas de café que puedes consumir en un día antes de darte cuenta que hay un límite.

Cuando decidí abandonar la cafeína y componerme a mí mismo es cuando me di cuenta de cuán quebrantado estaba.

Sin café, batallaba para levantarme de la cama en la mañana, a pesar de asegurarme de dormir de ocho a diez horas. Mi cerebro se negaba a funcionar. No podía recordar palabras; no podría aprender nueva información ni retener nada. Me sentía deprimido, ansioso y sin remedio todo el tiempo.

Mientras que todo esto suene divertido, ¿qué tiene que ver esto con el GAD?

Bien, pues yo genuinamente creo que hay miles de personas que están viviendo con GAD y encubriéndola con cafeína, nicotina, y otras substancias solo para poder sobrevivir el día.

¿QUÉ PUEDES HACER PARA SUPERARLO?

En el GAD hay una ligera diferencia con el resto de los desordenes de pánico en el sentido que no es un evento en particular que sucede periódicamente; en lugar de eso, es una manifestación continua. De manera que los métodos empleados para eludirlo deben ser también empleados en una base constante también. Por fortuna, esto no es complicado.

Mi experiencia con el GAD se manifestó con agorafobia, hipocondría, y subsecuente mente, ataques de pánico. El tuyo quizá sea algo diferente. Independientemente de los síntomas, las técnicas para eludirlos serán las mismás y los resultados que puedes obtener de ellas serán igual de poderosas.

Respiración coherente

Respiración coherente es simplemente la práctica de reducir la velocidad a una frecuencia de cinco respiros por minuto. Es tan sencillo como contar hasta cinco al inhalar y nuevamente contar hasta cinco al exhalar. Simplemente hay que repetir el ciclo por cinco minutos. ¿Fácil, no es cierto?

Esta sencilla pero poderosa técnica calmará tu sistema nervioso de una manera más prolongada. Lo que notarás es que a comparación de otras técnicas de respiración (como el 4-7-8) es que sus efectos son muy notorios e instantáneos. La respiración coherente tiene los mismos efectos, pero sucede de una manera un poco diferente. Notarás que aún suministra el efecto calmante, pero es más sutil así que conlleva a un periodo más largo de calma y relajación. Estos atributos lo hacen perfecto para lidiar con el GAD ya que los efectos de la respiración van asociados con los síntomas del desorden.

Como un breve repaso:

- Respira por la nariz al contar hasta cinco.
- Exhala por la boca al contar hasta cinco.
- Repetir por cinco minutos.

Este ejercicio es mejor practicado por dos o tres veces diarias por al menos una semana. Si realmente lo intentas por una semana y decides que no es para ti, no hay problema; existen muchas otras técnicas en este libro que puedes hacer la prueba. Pero he visto este sencillo ejercicio disipar problemas como el GAD no solo en mi, si no en otros. Realmente creo que vale la pena intentar.

¿Cuentas con un periodo de 15 minutos al día para deshacerte de la ansiedad? Me lo imaginé. Haz el intento!

Capítulo tres: Ataques de ansiedad y Ataques de pánico

Mi último libro trató sobre estos infelices, y por buena razón; son increíblemente dominantes en la sociedad moderna. Se piensa que más de cuatro millones de Americanos sufren de ataques de pánico de acuerdo al Instituto Nacional de Salud Mental. Eso equivale al cinco por ciento de la población adulta. Muchos investigadores creen que ese número es un estimado bajo, ya que muchas personas que experimentan pánico o ataques de ansiedad nunca reciben la diagnosis propia y solo "viven" con esto, a pesar de los problemas debilitantes que traen como consecuencia.

Diferencia entre ataques de ansiedad contra ataques de pánico

Primero, quiero aclarar que existe una distinción; la ansiedad y el pánico no es lo mismo. Están muy relacionados, pero no son idénticos. Muchos de los síntomas asociados con ambos son similares, por ende a veces están agrupados.

Los ataques de pánico son muy reales, muy desagradables, y pueden ser emocionalmente agotantes. Mucha gente que experimenta su primer ataque de pánico terminan en salas de emergencia o en el consultorio del médico, esperando escuchar las peores noticias sobre su salud.

Muchos de los síntomas de un ataque de pánico pueden llevar a la gente a sentirse como si tuvieran un ataque cardiaco, puesto que los dolores de pecho y pálpitos en el corazón son efectos comunes en un ataque de pánico. Algunas personas quizá sientan que "perderán la cordura" de si mismos y que pudieran hacer algo humillante en frente de otras personas

Los ataques de pánico son generalmente considerados como muy repentinos y extremadamente intensos. No siempre existe una razón para que ocurran y tienden a durar no más de 10-30 minutos. Algunos ataques pueden ocurrir en sucesión, así que pueden ocasionar la sensación de un estado constante de pánico.

Después que un ataque ha ocurrido, la persona tienda a sentirse estresada y al borde ante la posibilidad de otro ataque.

Tristemente, muchas personas no buscan ayuda ante los ataques de pánico y otras condiciones relacionadas como la agorafobia. Esto es espacialmente muy desolador puesto que el pánico y otros desordenes de ansiedad son muy tratables y responden bien a opciones de terapia sencillas y a corto plazo.

Por fortuna, más y más personas están acudiendo a médicos y especialistas sobre esto, aunque algunos inicialmente se frustran. Cuando la gente se entera que no tienen una condición que amenace sus vidas (como un paro cardiaco), esta noticia podría de hecho incrementar su ansiedad y frustración al empezar a preguntarse, *"Bueno, si estoy físicamente BIEN, ¿qué me ocurrió? Sé que algo me pasó, aunque no pueda explicarlo por el momento. ¿Qué me pasa?"*

La gente que no está diagnosticadas con ataques de pánico o un desorden del mismo terminan pasando de un medico a otro por meses e incluso años sin que nadie sea capaz de señalar un punto en específico y decir, *"He aquí el problema".*

Los ataques de ansiedad tienden a ser prolongados, sentimientos siempre presentes. Estos ataques son frecuentemente asociados con eventos en específico o temores. Por ejemplo, si alguien tiene una preocupación por un examen que se aproxima, su cabeza solo puede pensar en aquellos puntos negativos, una y otra vez, incrementando su estrés y preocupándose por el evento. Esta condición aparentemente autoprolongada puede ser clasificada como ansiedad. Cuando generalmente no es tan extrema en sus síntomas a comparación de los desordenes de pánico, aún puede tener un efecto extremadamente perjudicial en la vida de alguien si permiten que se salga de control.

Por fortuna, la concientización para este tipo de desordenes esta cada vez creciendo más en la comunidad médica para que la gente sufriente tenga más posibilidades de ser diagnosticada y tratada exitosamente.

SÍNTOMAS

Los síntomas pueden variar dependiendo de la persona, pero los ataques de pánico más comunes duran solo unos minutos, aunque podrían ser más largos. Los síntomas de ataques de pánico son:

- Fuertes e intensos latidos en el corazón.
- Vértigo y mareos
- Sensación de no poder conservar el aliento
- Dolores de pecho o sensación de pesadez en el pecho
- Enrojecimiento de la piel y escalofríos.
- Sensación de terror
- Sentir un temor de una apoplejía o algo que pueda terminar en discapacidad.

- Sentir un temor a la muerte.
- Sentir un temor de volverse loco
- Hormigueo en las manos, pies, piernas o en los brazos.
- Nerviosismo por temblores o contracciones en los músculos.
- Manos sudorosas
- Enrojecimiento de la cara.

Los síntomas típicos de ataques de ansiedad son:

- Sentirse generalmente ansioso, inquieto, o nervioso.
- Sentirse irritado con facilidad.
- Dudar de tu propia autovaloración y autoestima.
- Sentir desvanecimiento o mareo
- Sentirse desconectado de tu situación actual.
- Un sentimiento constante que no hay esperanza.
- Respiración forzada
- Llanto constante o sentir la necesidad de llorar.
- Dolor muscular o molestias no relacionadas a la actividad física.

- Contracciones, temblores, y sensación de inestabilidad de los miembros.
- Manos sudorosas.
- Dificultad de concentración o de recordar.
- Sentimientos de querer escapar de tu situación o lugar.
- Un enfoque constante de querer alterar eventos propios y de las vidas de otros.
- Repetición de conversaciones negativas en tu cabeza.

Existen, por supuesto, un sinfín de desordenes dentro de lo relacionado con el pánico y la ansiedad. Estos desordenes pueden variar de moderado a severo, de esporádico a constante. Lo que es importante comprender es que, al final, todas parten del mismo origen y pueden ser tratadas de una forma similar.

El Institutos Nacionales de la Salud Mental (una división del Instituto Nacional de la Salud) actualmente se encuentra conduciendo una campaña a nivel nacional para educar al público en general y a los practicantes de servicios de salud para informarles que los ataques de pánico y otros desordenes de ansiedad son alguno de los problemas que el día de hoy están teniendo más éxito en cuanto a su tratamiento. Un historial de investigaciones clínicas nos provee de un programa solido de métodos cognitivos, emociones y conductuales que se han mostrado efectivos para ayudar a aquellos sufrientes a sobrellevar sus trastornos de ansiedad.

¿Realmente está todo en mi cabeza?

Debido a las muy fuertes reacciones físicas que la gente experimenta al momento de un ataque de pánico o en la cumbre de un ataque de ansiedad, muchos piensan que debe existir un padecimiento o desorden subyacente, no asociado con el pánico o la ansiedad.

Los síntomas de ataques de ansiedad son muy reales debido a la reacción de lucha y huida del cuerpo cuando llega a lo máximo. Las hormonas fluyen a través del cuerpo, las células nerviosas se disparan conforme el pánico crece y el cuerpo se prepara para lo peor.

Esto es usualmente en conjetura con pensamientos negativos extremos, tales como:

"Creo que estoy perdiendo el control".

"Me estoy volviendo loco".

"Estoy teniendo un ataque al corazón".

"Me estoy asfixiando. No puedo respirar".

Tales pensamientos son frecuentes en el contexto de ataques de pánico. Así que no te preocupes, no estás solo. No te estas *"volviendo loco"*, y no estás perdiendo el control!

Las secuelas

Después de afrontar un ataque de ansiedad o un episodio de ansiedad extrema, muchos con frecuencia generan tensión que toma la forma de un temor fastidioso, como *"Cuando me ocurrirá esto de nuevo?"*

Algunos sienten tanto miedo de tener ataques de pánico (especialmente en lugares públicos) que se retiran a su *"zona segura"*. Estas áreas tienden a ser sus hogares, y la gente puede llegar a depender de ese sentimiento de seguridad que se genera. De hecho, muchas personas raramente abandonan sus hogares por el temor de otro ataque. Este temor de tener que abandonar la zona segura es una condición conocida como agorafobia. Yo combatí contra ella cuando la ansiedad y el pánico comenzaban a afectarme.

La gente con agorafobia no *disfruta* mucho de tener una vida restringida; es un efecto secundario de esta condición muy deprimente y miserable. Es el temor de tener ataques de pánico subsecuentes en público (que es un lugar donde no se sienten seguros) que los mantiene encerrados en casa.

Las secuelas de un ataque de pánico pueden ser tan incómodas como el temor de abandonar el lugar seguro. Sensaciones de depresión y de impotencia no son inusuales. El mayor temor tiende a ser que el ataque de pánico volverá una y otra vez, haciendo la vida sumamente incomoda.

Los ataques de pánico no necesariamente se originan de una circunstancia en específico. Muy seguido, las raíces que lo ocasionan así como los detonantes frecuentes son un misterio para la persona sufriente. Los ataque de pánico pueden surgir *"de la nada"* pero a veces el estrés en exceso u otras condiciones negativas pueden también iniciar un ataque.

TRATAMIENTOS

Hoy en día, los ataques de pánico, la ansiedad y la agorafobia pueden ser tratados no solo con facilidad, pero exitosamente con una variedad de remedios. Sobrellevar al pánico y la ansiedad significa que ya no presentas ataques. También significa que ya no posees los síntomas iniciales que te llevaban a tener un ataque_ la causa fundamental y los síntomas deben fugarse antes que podamos decir que alguien a *"sobrellevado"* un desorden de pánico.

Terapia conductual cognitiva

La terapia conductual cognitiva (TCC) es un tratamiento relativamente nuevo para trastornos de pánico y la agorafobia que ha mostrado ser muy exitoso. En lugar de utilizar la tradicional terapia basada en el análisis, los practicantes emplean nuevos métodos TCC para enfocarse en el problema actual de pánico y trabajar continuamente en cómo eliminarlo.

La TCC ha sido referida como la terapia del "cómo", debido a su enfoque en "cómo" eliminar los pensamientos y sentimientos que conllevan al pánico y a la ansiedad.

Si tu experimentas pánico y agorafobia, no estas *"loco"* y no necesitas de una terapia por periodos de tiempo extendidos. Las sesiones dependerán de la gravedad de la condición y, por supuesto, tu disposición como paciente de participar activamente en el tratamiento.

Cuando una persona con un trastorno de pánico es motivada a practicar e intentar nuevas técnicas, esa persona está activamente cambiando la manera que su cerebro responde. Si cambias la manera que tu cerebro responde a una manera positiva, la ansiedad y el pánico continuarán disipándose. Con el paso del tiempo, las estrategias que usas en contra se volverán más fuertes y una completa ausencia de trastornos de pánico puede ser lograda.

Si tienes una oportunidad de visitar un terapeuta que practique la TCC, yo definitivamente la recomendaría. No obstante, no *necesitas* de un terapeuta para superar ataques de pánico. Puedes hacerlo con ejercicios de respiración, los suplementos adecuados, y paciencia.

Fue así como yo superé mi situación, y tú también puedes.

Técnicas respiratorias de auto-control

Existen dos formás principales de atacar los ataques de pánico al respirar:

1. Frenar un ataque cuando estas sufriendo de uno.
2. Evitar que un ataque ocurra de nuevo.

La primera táctica que necesitas considerar es como detener un ataque de pánico cuando estas pasando por uno. Es un pensamiento con poder. Puedes extinguir la reacción de lucha y huida del cuerpo. ¿Y cuál es la manera más simple de lograrlo? Yo recomendaría emplear el método 4-7-8 mencionado anteriormente.

Como un breve recordatorio y para no hacerte

perder tiempo buscando en las páginas, aquí esta el procedimiento.

1. Siéntate cómodamente con la espalda recta
2. Coloca la punta de tu lengua en la cresta de la encía, justo detrás de los dientes frontales.
3. Expande el diafragma y lentamente inhala por la nariz en un conteo de **cuatro**
4. Contén la respiración por otro conteo de siete.
5. Abre la boca ligeramente y exhala por ocho conteos, contrayendo el diafragma.
6. Repite el ciclo cuatro veces.

Si sigues el procedimiento, deberás sentir que tus ataques de pánico se detienen, o por lo menos se reducen significativamente. Si la sensación de pánico persiste después de realizar el proceso, simplemente repítelo por otras cuatro rondas o hasta que una sensación de calma sea alcanzada. Esta es la técnica que he utilizado para recuperar mi vida de los ataques de pánico y continua siendo útil hasta el día de hoy.

Para abordar la segunda manera para reducir el impacto del pánico y ansiedad (*como evitas que otros ataques ocurran de nuevo),* es sencillo: *practica de respiración diaria.*

El objeto detrás de una práctica de respiración diaria es que tu cuerpo se acostumbre a sentirse en calma y relajado. Por esto, habrá menos probabilidad que tu cuerpo entre en estado de lucha y huida (por ende, es menos probable que ocurra un ataque de pánico).

No toma mucho para notar o sentir los efectos positivos. Es muy fácil y hay muchas opciones. Mis dos favoritas son ejercicios de respiración de clase de yoga que describo a continuación. (No te preocupes, no tendrás que saber cómo doblar las piernas por detrás de la espalda para hacerlo!) Son herramientas sencillas y efectivas para aliviar el temor de que un ataque de pánico vuelva a ocurrir.

Alternar fosas nasales al respirar

Ésta técnica de respiración de tipo yoga fomenta a una relajación profunda a través del balance de los hemisferios izquierdo y derecho del cerebro conforme el sistema nervioso se va calmando.

- **Siéntate con ambas piernas cruzadas o encima de una almohada.** También puedes arrodillarte de lado de la cama. Ten la libertad de usar cobijas o cualquier otro objeto que te sirva de soporte adecuado.

- **Descansa tu mano izquierda en el muslo izquierdo.** Los dedos de tu mano derecha deberán estar extendidos como si fueras a saludar a alguien. Dobla el dedo índice y el de en medio para que puedan ondularse dentro de la palma.
- **Coloca el pulgar en el lado de la nariz y ligeramente toca la fosa nasa.** Cuando toques las fosas, ten cuidado de no ser obstructivo. La idea el limitar el flujo de aire temporalmente en una fosa.
- **Inhala profundamente y exhala.** Cierra la fosa nasal derecha usando el pulgar. Respira a través de la fosa izquierda por cuatro segundos. Cuando llegues al topa de ese respiro, debes cerrar la fosa izquierda usando el dedo anular.
- **Por cuatro conteos, mantén esta posición para retener el aliento. Libera la fosa nasal derecha y exhala por cuatro segundos.**
- **Después, inhala profundamente por cuatro segundos a través de la fosa derecha.** Al igual que antes, ciérrala, mantén la posición y reten el aliento por cuatro

segundos. Libera la fosa izquierda en lo que exhalas completamente por cuatro segundos. Respira profundamente a través de la fosa izquierda y repite el ciclo entero.

Puedes hacer esta técnica respiratoria tan frecuente como lo desees. Cuando termines, continuarás con tu jornada en un estado más relajado.

Respiración de garganta profunda

Esta técnica respiratoria también proviene del yoga. Relaja el cuerpo y tranquiliza la mente. Quizá sea mejor estar en la cama o en un suelo cómodo para esto. Recomendaría hacer el intento justo antes de ir a dormir para que sea de ayuda para descansar por la noche.

- **Simplemente recuéstate boca arriba con tus piernas posicionadas a la altura de tus caderas. Relaja tus brazos en tus costados y cierra los ojos.**
- **Respira profundamente a través de la nariz y exhala por la boca.** Con cada respiro deberás llenar tus pulmones en su totalidad. De una manera similar, con cada exhalación, hazlo en su totalidad.

- **Después de tres ciclos de respiración,** inhala a través de la nariz por cuatro conteos aplicando a la vez un poco de presión en la parte posterior de la garganta. De esta manera, sentirás como si estuvieras respirando a través de un popote en la parte trasera de la garganta además de llenar tus pulmones con aire.
- **Deberás notar el sonido de la respiración imitando el sonido de las olas que van y vienen.** Este sonido es de mucho apoyo para ayudar a quedarte dormido. Puedes compararlo con el suave ronquido de un bebe.
- **Contén la respiración al tope por cuatro segundos en lo que en silencio observas tus sentimientos.** Deberás aspirar a sentirte relajado y satisfecho. Exhala por la nariz por cuatro segundos haciendo un poco de presión en la garganta.
- Una vez que tus pulmones hayan liberado todo el aire, deberás empezar a sentirlos de nuevo.
- Respira profundo por seis segundos y retén el aliento por otros seis segundos.

- Repite este procedimiento respiratorio, añadiendo dos segundos por cada ciclo.

Después de que hayas alcanzado tu capacidad máxima de respiración y contención, puedes empezar a eliminar un par de segundos a la vez. De manera que, si doce segundos es el monto máximo de tiempo que puedes hacer, entonces tu siguiente ronda podría reducirse a diez segundos. Continúa substrayendo dos segundos cada vez, para que la próxima ronda sea de ocho años, y así sucesivamente.

Cuando llegues a los cuatro segundos, puedes liberar todo y regresar a la respiración normal. Ahora que has relajado tu cuerpo y mente, puedes disfrutar de dormir en paz y despertar sintiéndote más fresco y rejuvenecido.

Puedes hacer todos estos ejercicios en la mañana, antes de dormir o en cualquier momento. El punto clave es que necesitas hacerlos diariamente. Deberás notar que tu tendencia a ataques de ansiedad y de pánico va disminuyendo conforme aplicas esto conforme pasa el tiempo.

CAPÍTULO CUATRO: FOBIAS

¿Qué son las fobias?

Las fobias le afectan prácticamente a todos. Pueden afectarle a la gente de una forma pequeña, como la clásica "fobia de hablar en público", que es algo que la mayoría de la gente no tiene que lidiar diariamente. Por desgracia, las fobias también pueden afectar en una manera más impactante, como la agorafobia cuando la gente batalla para salir de sus casas. Las fobias como estas pueden ser debilitantes pero también son muy tratables.

Y si padeces de alguna fobia, no te sientas extraño o diferente por esto. Hay fobias para casi todo. Si puedes imaginar algo, es posible que alguien tema lo que imaginas. Como por ejemplo la Aurofobia_ el temor al oro. Tetrafobia_ temor al número cuatro y está relacionada con su pariente, la Quintafobia_ el temor al número cinco.

Personalmente, yo batalle con la agorafobia justo después de comenzar a tener ataques de pánico. Constantemente me aterraba el pensamiento de abandonar mi casa en el evento de sufrir de un ataque. Así que me mantuve dentro de casa por aproximadamente tres meses.

Perdí mi empleo porque no podía ir a trabajar. Me distancié de mis amigos al no poder salir a ver a nadie. Me sentía miserable y aburrido porque me sentía atrapado sin nada que hacer.

Cuando finalmente logré salir, tenía este aplastante pensamiento que sería impulsado había *arriba*, hacia el cielo, como si estuviera en un espacio abierto.

Este periodo fue tan divertido como suena, y un día, ya tuve suficiente! Comencé a investigar todo lo relacionado con fobias y como vencerlas. En un par de semanas, ya funcionaba de nuevo. Podía salir de casa. Podía jugar al futbol en un campo abierto sin el temor de ser impulsado hacia el cielo. Podía salir con amigos sin preocuparme de estar lejos de casa.

Fue increíble. No tomó mucho tiempo y, una vez que supe lo que había de hacer, no fue difícil tampoco. En los próximos capítulos habrá más pasos que puedas tomar.

SÍNTOMAS

La principal distinción que quiero señalar es que las fobias y el "miedo" no son necesariamente lo mismo.

Le puedes "temer" a un tigre. No querrías por ejemplo, convertirse en su almuerzo. Pero no necesariamente has de tenerle una fobia. El imaginar ser devorado por un tigre no sea quizá un pensamiento que te moleste a diario.

Una fobia es descrita como "un temor abrumador y debilitante hacía un objeto, lugar, situación, sentimiento, o animal". Las fobias son mucho más fuertes que los miedos. Ocurren cuando una persona tiene una exagerada o poco realista sensación de peligro ante una situación u objeto.

Si una fobia se vuelve muy severa, la persona puede organizar su vida evitando todo aquello que le cause la ansiedad, como lo fue en mi experiencia.

Síntomas típicos para alguien con una fobia o que esté pensando en algún "objeto" de fobia pueden ser:

- Inquietud, delirios y mareos.
- Sensación de nausea.
- Transpiración.
- Temblores o escalofríos.
- Dolor de estómago.
- Incremento en el latido del corazón y palpitaciones.
- Falta de aliento.

Todas son incomodas pero muy similares a los otros síntomas que hemos discutido. Esto se debe a que dichos síntomas son causados por la misma reacción de lucha y huida de los ataques de pánico y ansiedad.

La buena noticia es que significa que las fobias son igual de tratables con herramientas y técnicas similares.

12

TRATAMIENTO

Hay varias maneras de sobrellevar una fobia. La mayoría son terriblemente desagradables, pero efectivas. Si una fobia es algo que esta impactando tu vida negativamente, trabajar para resolverla puede ser muy retador, pero amerita el esfuerzo. Este es un capítulo breve de algunas de las opciones disponibles para ti si no sabes por donde comenzar.

Terapia de exposición

El método tradicional para tratar una fobia es la terapia de exposición. Es exactamente como se oye. Uno gradual y repetitivamente se expone ante lo que teme de una forma segura y controlada. Durante el proceso, la idea es que aprendas a sobrellevar la ansiedad y el temor hasta que se extinga.

La sabiduría convencional es que a través de repetidas experiencias enfrentando tu miedo, tu (y tu cuerpo) comenzarán a darse cuenta que lo peor no ocurrirá. Con cada exposición, te sientes más seguro y en control. La fobia empieza a reducirse y a perder poder.

Para luchar contra los miedos exitosamente de esta manera requiere de preparación, repetición y paciencia. No es algo que sucede en el momento. Peor sería algo a considerar.

Visualización y relajamiento

Esto es similar a la teoría de la exposición, pero con un bono extra_ puedes hacerlo desde la comodidad de tu asiento!

1. Imagina lo que te asusta; visualízalo tan claro como puedas.
2. Siente como el temor y las emociones se forman (parte incómoda, pero importante).
3. Mientras te visualizas a ti mismo experimentando la fobia y sintiendo las

emociones, haz un ejercicio calmante de respiración, como lo es el método 4:7:8.
4. Repite el ejercicio de 3 a 4 veces y nota si tu miedo se es reducido al final.

Esta técnica tiene todos los beneficios de la terapia de exposición tradicional, pero los resultados deberían ser más rápidos. Su eficacia dependerá de si el sujeto realmente trata de visualizar y sentir las emociones de temor lo más posible. No siempre es lo más fácil de hacer, pero al final puede valer la pena para liberarte de tu fobia.

Otras opciones

Ahora, existen otros ejercicios que quizá no alivianen por completo tus fobias, pero deberían (por lo menos) reducirlas de alguna forma. Algunas no se encuentran en este libro, pero quisiera atraer tu atención a una que quizá te sirva: TLE , que significa Técnica de Libertad Emocional.

Es una muy poderosa y sencilla herramienta que sirve para cualquier patrón o síntomas físicos de ansiedad y otros desordenes no deseados. Es esencialmente un proceso de golpear las partes clave de tu cuerpo mientras recitas enunciados positivos.

Suena extraño, lo sé. Pero es sorprendentemente sencillo y efectivo.

CAPÍTULO CINCO: REMEDIOS NATURALES

AVISO LEGAL: Lo que se debatirá en estas próximas páginas será enfocado principalmente en suplementos naturales y sin prescripción; siempre se es recomendado consultar con tu medico antes de intentar cualquiera de ellas.

¿Existen métodos anti-ansiedad de alivio que pueden ayudar?

Los suplementos contra la ansiedad están adquiriendo mucha popularidad como alternativa a los medicamentos, y pueden ser más inmediatos que la terapia u otros tratamientos de largo plazo. El problema con esta "solución" es que hay miles de ellos. Prácticamente toda compañía farmacéutica ha desarrollado su propio producto o mezclado para el mercado de la ansiedad. Hay un par de problemas con "soluciones" como estas.

Primero, de acuerdo a estudios, la mayoría de los medicamentos naturales contra la ansiedad son inefectivos. Otro problema es que con tantos productos en el mercado, es muy difícil determinar cuáles suplementos podrían funcionar y cuáles no.

Una cosa que tener en cuenta es que los suplementos naturales pueden ser una buena opción para aquellos que deseen considerar otras alternativas. Pero necesitas reconocer que siguen siendo un remedio temporal. Usando todo lo demás en este libro, puedes aprender a cómo hacer frente a la ansiedad mejor y tomar los pasos para curarla para siempre. Pero mientras tanto, los suplementos pueden ser de gran ayuda para hacerte más seguro de ti mismo de nuevo!

Además, ten en cuenta que no hay mucha diferencia entre medicamentos y suplementos naturales como quizá hayas creído en un principio. Dentro de más fuerte sea un suplemento, es más probable que pueda ocasionar efectos secundarios o riesgos (lo cual es cierto en cualquier cosa que altere la química de tu cuerpo). También, como fue mencionado antes, no toda ansiedad es remediada de la misma forma. Los ataques de pánico, por ejemplo, podrían requerir un diferente tipo de tratamiento que el DGA, así que lo que le funcione a una persona quizá no pueda funcionar para ti_ es importante escoger tus opciones con inteligencia y es por ello que estás leyendo este libro!

Existen millones de productos que podrías probar y millones de individuos que pueden decirte que su producto es el mejor y el más efectivo. Voy a contarte lo que me funcionó y lo que se ha mostrado que funcione en condiciones clínicas.

Los grandes dos

Los dos remedios que creo realmente mencionar son; **Rhodiola Rosea & Teanina-L.** Hay una variedad de estudios de cada una, exponiendo su eficiencia así como evidencia de su funcionamiento y, de todo lo que he probado, parecen ser los más efectivos.

RHODIOLA ROSEA

La Rhodiola Rosea es una hierba que puede demostrar ser realmente efectiva para remediar la ansiedad. Es comúnmente usada como antidepresivo; no obstante, muchos antidepresivos son también referidos por gente que padece de ansiedad puesto que ambas funcionarán con neurotransmisores y sendas similares.

Esta hierba crece en regiones frías y puede llevar otros nombres, entre ellas: raíz del ártico, raíz de oro, raíz rosada, la vara de Aarón y la corona del rey. Todas estas se refieren a la misma planta pequeña de flores amarillas.

En Rusia, Escandinavia y en China, la Rhodiola Rosea ha sido tradicionalmente colectada y usada para sobrellevar los estreses de una vida ante climás extremadamente fríos y de elevada altitud. Específicamente, sus efectos clave son reducir la fatiga, incrementar la potencialidad sexual y fomentar la felicidad.

En años recientes, estudios simpatizantes de su uso como antidepresivo han fomentado a la Administración de Alimentos y Medicamentos (AAM) en los Estados Unidos ha eliminar algunos productos que contienen la rhodiola rosea del mercado. Hubo inquietud sobre ciertas personas afirmando el potencial de esta hierba como remedio contra las migrañas, gripe, resfriados, infecciones bacteriales e incluso el cáncer, aunque estas afirmaciones eventualmente se demostraron falsas o sin fundamento.

Aunque no ha sido del todo comprendido, se creé que la Rhodiola Rosea combina cualidades tanto estimulantes como relajantes en una proporción que la vuelve efectiva a personas que sufren de depresión y ansiedad.

Algunos de los efectos bien determinados de la Rhodiola Rosea son:

- **Decrecimiento en las actividades del Sistema Nervioso Simpático.** Recuerda, el sistema nervioso simpático (SNS) es lo que entra en acción cuando el estado de lucha y huida es desencadenado por la amígdala. Esto resulta en los síntomas familiares de incremento en el pulso, la frecuencia en la respiración y el agotamiento de las glándulas adrenales. La actividad amplificada de estas es responsable de todos aquellos síntomas de ansiedad que quizá hayas experimentado, tales como latido cardiaco rápido, tembladera, falta de aliento, mareo y nausea.

- **Incremento en la actividad del sistema nervioso parasimpático.** El sistema nervioso parasimpático (SNP) es lo opuesto al SNS en el sentido que está relacionado con el decrecimiento de los procesos del cuerpo en lugar de acelerarlos. Así que un incremento en la actividad del SNP resultaría en un efecto calmante y de concentración.

- **Incremento en la Serotonina.** La hormona serotonina es el neurotransmisor asociado con la felicidad y la relajación. Una deficiencia en la serotonina tiende a ser vista primordialmente con personas con depresión y ansiedad.

- **Incremento de la Memoria y Enfoque.** Cuando te sientes desconcentrado y dispersado a causa de la ansiedad, ésta puede empeorar, en especial si te encuentras ansioso en medio de algo importante como una junta o un examen. Varios estudios han mostrado que la Rhodiola Rosea ayuda a mejorar la memoria y el enfoque. En un estudio reciente empleándola como suplemento, los sujetos se han sometido a una prueba de mejoramiento y su memoria y enfoque fueron medidos. Los resultaron indicaron que los sujetos que tomaron la Rhodiola Rosea obtuvieron un porcentaje de error en un 88% menor que a comparación del grupo.

- **Acortamiento de Tiempo de Recuperación después del Ejercicio.** Un síntoma común de la ansiedad es que tu ritmo cardiaco tiende a elevarse y tu respiración puede volverse más forzada, algo similar que cuando te ejercitas por un periodo de tiempo extendido. La Rhodiola Rosea puede ser efectiva en acortar el tiempo necesario para que tu ritmo cardiaco y tu respiración pueden estabilizarse. En otro estudio reciente de participantes que tomaron la Rhodiola Rosea antes de correr 12 millas, estos fueron probados en intervalos. Aquellos que no habían tomado la Rhodiola Rosea mostraron elevaciones en el pulso en un 129% más alto que un corazón en reposo promedio, mientras que el pulso de aquellos que tomaron la Rhodiola Rosea fueron solo un 105% más alto que un corazón en estado de reposo.

Existen razones increíbles para probar con la Rhodiola Rosea y los efectos pueden ser exhaustivos. Ciertamente en mi caso, he visto una diferencia enorme después de emplearla. Continué utilizándola y le otorgué el crédito como ayudante de mantener mi ansiedad así como mis ataques de pánico bajo control. Tiene un agradable efecto secundario de hacerte sentir más feliz y motivado para la vida, así que para mí, fue algo excelente.

Deberia utilizar la Rhodiola Rosea?

En definitiva es económica, seguro y se ha mostrado efectiva por cientos de años. Definitivamente sugiero conseguir un poco y hacer la prueba. Si no te funciona, no hay problema. Hay cientos de otros remedios disponibles, pero quizá sea el suplemento más efectivo a considerar para combatir la ansiedad.

TEANINA

La teanina es un compuesto común que se encuentra principalmente en el té verde o negro. Es un suplemento altamente disponible y puede ser muy potente para ayudar a aliviar la ansiedad. La teanina funciona para fortalecer el funcionamiento de tu cuerpo de una manera natural y efectiva.

Fue originalmente descubierta cuando experimentos con el té verde condujo a su extracción. Interesantemente, el té negro contiene igual o quizá incluso mayor cantidad de Teanina que el té verde puesto que el té negro y verde provienen de la misma planta, *Camellia sinensis.* La única diferencia es que el té negro se le es dado tratamiento por el calor y a veces fermentado antes de que se seque.

Según parece, también actúa para impulsar la dopamina cerebral, uno de los neurotransmisores que hacen "sentir bien". Esta podría ser la principal razón que hace que la gente se *sienta bien* y tengan un *enfoque mental* al momento de tomar la Teanina.

¿La Teanina es efectiva para remediar la ansiedad?

Ha habido investigaciones hacia esto y mientras que no existen estudios clínicos conclusivos, mucha gente (incluyéndome a mi) ha visto que si es de ayuda para aliviar la ansiedad. Puede también tener efectos potentes para mejorar el sueño.

Hay un número de estudios interesantes que muestran que la Teanina puede incrementar la actividad de las ondas alfa en el cerebro, donde estas son indicadores de un cerebro es estado de "reposo". La mayoría de estos estudios no fueron hechos en sujetos que padecían de ansiedad; sin embargo, es comúnmente la causa que la gente propensa a la ansiedad posean de menos ondas alfa y más actividad en las ondas beta (comúnmente asociadas con la atención y un estado de alerta).

Otros estudios han encontrado que la Teanina ha ayudado a reducir el estrés en personas que fueron expuestas a una situación estresante bajo condiciones experimentales. Estos estudios no fueron aplicados en individuos que padecían de ansiedad, pero la reducción en el estrés o la mejoría en el manejo del estrés muy probablemente sea de ayuda para combatir y controlar la ansiedad para alguien que lo sea.

¿No basta solo con tomar una taza de té?

Por ser yo una persona Británica, no te sorprenderás de escuchar que beber té es mi opción preferida para cualquier tipo de remedio. Por desgracia, si el consumir te si te proporcionaría una dosis pequeño de Teanina, la cantidad no está estandarizada y puede variar.

Una dosis ideal puede variar de 5 miligramos en una taza ordinaria de té (si este es frío o caliente es indiferente), hasta 46 miligramos en una taza de té gourmet de mayor calidad.

De manera que, mientras no es ideal, la respuesta es sí, podrías beber una taza de té para obtener la Teanina. Como lo mencioné, el té negro contiene Teanina también, pero la diferencia principal es que no es importante si el té es verde o negro; sino el cómo las hojas de te son cosechadas. La teanina suele ser encontrada en mayor concentración en los capullos y en las hojas más juveniles de la planta de té.

Debido al esfuerzo adicional de cosechar estos tés, tienden a ser más costosos. Tés como Matcha, Sencha y Gyokura pueden ser mucho más costosas que las típicas tazas de te. Los tés Oolong y Darjeeling son otros ejemplos de tés "gourmet" que pudieran tener una alta concentración de teanina, debido a que fueron cosechadas de las plantas más jóvenes.

Esto aún nos deja con la pregunta de cuanta Teanina debería consumirse diariamente.

¿Cuánto consumir?

La teanina ha demostrado poseer beneficios terapéuticos con una dosis variada de 500 a 200 mg. Tomando en cuenta esto como base, tendrías que beber de cinco a diez tazas de té regulares para obtener la misma dosis de teanina que obtenerla con una cápsula pequeña. Para mí, esto no sería un problema, puesto que consideraría hasta cinco tazas de té como mínimo por día, pero comprendo que esto no sería normal para alguien que no sea de la Gran Bretaña.

Es aquí donde los suplementos son de utilidad. Un paquete pequeño de teanina puede adquirirse por $10 y puede durarte un par de meses. La mayoría de las dosis suelen ser estandarizadas en 100 mg por cápsula para que puedas determinar con exactitud cuanta teanina sería lo ideal para ti en un proceso de "prueba" diario.

Comienza con 100 mg y observa cómo te sientes. Si lo que sientes es de tu agrado, prueba con un poco más; si no es así, reduce la dosis un poco. De acuerdo a la AAM, dosis que abarquen hasta 250 mg al día son consideradas seguras, y para aquellos que sé que la consumen, una dosis más alta no es necesaria.

La teanina tiene un efecto relativamente corto (es decir, que tu cuerpo la metaboliza entre 2.5 y 4.5 horas), pero en mi experiencia, una dosis individual en la mañana es suficiente para un día completo.

Existen muchos tipos de teanina! ¿Cuál compro???!

La teanina es un aminoácido, aunque no forma parte de ninguna proteína. Como todos los aminoácidos, la teanina viene en una imagen doble: la "L" y la "D". Quizá notes que sean vendidas como Teanina-L contra la Teanina-D. La primera es la versión activa y la Teanina-D no tiene efecto alguno en tu cerebro. (Así que la Teanina-L es la que quieres!)

Quizás sin embargo veas productos simplemente llamados "Teanina", sin la "L". Esto ocurre cuando la teanina es sintetizada en un laboratorio, esto resulta en una mezcla de Teanina-L (la que queremos) y Teanina-D (la que no nos interesa). Separándo únicamente la Teanina-L añade un costo adicional en la elaboración. Muchas manufactureras optan por reducir costos, y simplemente utilizar la mezcla como es.

La compañía utiliza un procedimiento patentado de fermentación que imita la forma en que la teanina es naturalmente producida en las hojas de té. Debido a este proceso especial, es lo más cercano a la "teanina naturalmente producida" que encontrarás.

Mientras que esto es maravilloso, es increíblemente costoso extraer Teanina-L pura de las hojas de té. Como resultado, la mayoría de la Teanina-L disponible en el comercio no es extraída de la misma forma. Si realmente no tienes inconveniente de invertir un poco más de dinero para asegurar la pureza y calidad de la Teanina-L que estas obteniendo, solo busca un suplemento que usa la Suntheanina.

Habiendo dicho esto, la Teanina-L aparte de cualquier otra compañía de buena reputación puede ser también pura y de alta calidad. Solo hay que tener en cuenta que marcas más económicas no harán un esfuerzo para asegurar la pureza y proporciones de la Teanina-L y la Teanina-D, ya que así las producirían a un menor costo, y no podrías tener la certeza de cuanto realmente estas consumiendo.

¿Debería probar la teanina?

La teanina parece ser uno de los suplementos que más ayuden contra la ansiedad. El mayor riesgo es que quizá te sea de poca ayuda e incluso no te ayude en absoluto. No tendría el mismo efecto poderoso que algunos fármacos, pero a su vez, no es tan riesgoso.

En mi experiencia, si pruebas la teanina, serás capaz de funcionar apropiadamente sin sentir la sensación de estar sedado. Tampoco enfrentarás el riesgo de un rebrote de ansiedad por dejar de consumirla.

La teanina puede ser un suplemento fantástico para ayudar a alivianar alguno de los síntomas de la ansiedad y formar un componente sólido como parte de tu auto tratamiento.

¿Hay quienes no deberían usar la teanina?

La teanina ha sido estudiada extensivamente en laboratorios tanto en toxicología como en análisis clínicos. No parecen existir reportes de efectos negativos en casi 50 años de uso por la población general ni los estudios de laboratorio. El único efecto segundario potencial que se ha apreciado son dolores de cabeza, pero éstos solo han sido reportados que ocurren con muy dosis muy altas.

La Teanina-L ha sido aprobada por la AAM como un suplemento en los Estados Unidos en dosis de hasta 250 mg. También ha sido designada como GRS (Generalmente Reconocida como Segura). Hay sin embargo un par de puntos que tomar en cuenta.

Si estas embarazada o en periodo de lactancia, consultar con un médico antes.

Esto debería tomarse por sentado, pero lo mencionaré de todas formas: si estas tomando algún medicamento recetado, ya sea contra la ansiedad o no, por favor asegúrate de consultar a un médico de cualquier suplemento que estés considerando tomar.

Mi principal reserva al decir que cualquiera puede intentarlo es que venga con depresión diagnosticada o si eres propenso a episodios de depresión. Debes ser <u>muy</u> cauteloso de tomar cualquier cosa que incremente los niveles de GABA en tu cerebro.

GABA

Si estas sufriendo de ansiedad, un refuerzo en los niveles de GABA en el cerebro tendrán un impacto drástico. El GABA es un neurotransmisor que se ubica naturalmente en el cerebro y niveles bajos parecen estar muy relacionados con algunos tipos de ansiedad. En este caso, tiene sentido que desees incrementar tus niveles de GABA si quieres reducir la ansiedad.

Consumiendo la teanina puede ser un remedio económico y efectivo para incrementar los niveles de GABA. La teanina no solamente refuerza el GABA, también tiene el efecto sinérgico de moderar algunos de los neurotransmisores estimulantes que ocasionan ansiedad. Quizá pienses, y con justa razón, *"Si el GABA es bueno, ¿por qué no simplemente tomar un poco?"* Desafortunadamente, no siempre es tan sencillo.

Algunos individuos han obtenido grandes resultados de tomar un suplemento de GABA. El mayor problema es que no cruza la barrera de la sangre en el cerebro muy eficazmente; esto significa que la mayoría de la GABA en el suplemento no se dirige a donde necesita ir_ y no tenemos forma de medir cuanta realmente es absorbida. Debido a esto, puede ser muy difícil de regular tus niveles de GABA en el cerebro a través de un suplemento directo.

Ahora bien, existen unas píldoras GABA muy sofisticadas que utilizan técnicas interesantes para sobrellevar esto, tales como una compañía que adhirió la molécula GABA a un liposoma (molécula de grasa) para que sea más efectiva su digestión y absorción. El único problema es que es muy costoso. Si cuentas con dinero, puedes hacer el intento. Si no, quizá la teanina sea la respuesta.

Interesantemente, la teanina no cruza la barrera de la sangre en el cerebro tan bien. Tiende a tener el mismo efecto de incrementar la GABA en el cerebro, así que puede ser una manera rápida y sencilla de lograr el mismo objetivo.

SUPLEMENTOS SINERGÉTICOS

Al igual que cualquier suplemento derivado de plantas, el te puede proveer de ingredientes adicionales que aun no hemos identificado. Algunos de estos ingredientes pueden funcionar con la teanina para aumentar sus efectos.

El principal que conocemos es la cafeína. En el té, parece tener una interacción muy positiva con la teanina y sería mucho menos probable que ocasione nervios como la cafeína lo hace.

Por desgracia, la cafeína no es muy buena para aquellos que sufren de ansiedad. Yo ciertamente pude ver una mejora drástica en mi ansiedad y ataques de pánico cuando eliminé la cafeína en mi dieta. Estudiaremos esto a más detalle en el próximo capítulo.

CAPÍTULO SEIS: EVITANDO LA CAFEÍNA

Mientras que esta sección se enfoca en que suplementos funcionan para reducir la ansiedad, algo importante de recordar es que también hay sustancias que pueden tener un impacto negativo en la ansiedad.

Fue muy molesto para mí, pero la cafeína resulto ser un detonante en mi ansiedad. Y aprendí que es un detonante muy común para la ansiedad y los ataques de pánico.

¿Cómo detectar si la cafeína está empeorando mi ansiedad?

Amo el café. Lo tomé por años. Amo su olor, adoro

la complejidad de su sabor y me fascinaba el cómo despertaba en las mañanas. Estos últimos años, empezaba mis mañanas con una buena taza de café y a veces tomaba un espresso más tarde en el día si necesitaba de un refuerzo.

Cuando comencé a tener problemas de ansiedad y ataques de pánico, leí todo lo que pude y aprendí que hay mucha evidencia que sugiere que la cafeína incrementa y a veces incluso *ocasiona* la ansiedad.

Naturalmente pensé que era de aquellos afortunados que no me era un problema, porque lo había consumido por mucho tiempo antes de que estos problemas ocurrieran, y que ésta no podía ser la causa. Estaba sin duda *BIEN* con la cafeína… pero después de un par de meses con ataques de pánico y ansiedad sostenida, decidí eliminar la cafeína por un par de días para ver si hacía alguna diferencia_ los tiempos desesperados requieren medidas desesperadas.

El primer día, no inicie mi mañana con café. Fue un poco más difícil de proseguir I ciertamente bostece más veces de lo normal, pero… no tuve ataques de pánico y de cero a poca ansiedad.

Interesante.

Así que al día siguiente, lo mismo: nada de café y nada de ansiedad.

Al tercer día, decidí iniciar la mañana con cafeína de nuevo. Fue delicioso. Lo extrañaba. Extrañaba el aroma. El sabor. Lo que no extrañaba era la ansiedad y ataques de pánico subsecuentes que tuve esa mañana.

Ahora se que pudo ser un líquido. La correlación no necesariamente equivale a una causa. Así que traté de aplazar el experimento de "No Cafeína" por dos semanas completas. Durante ese tiempo, no tuve ningún problema con ataques de pánico y drásticamente se me redujo la ansiedad.

Al final de las dos semanas, me auto recompensé con un café… y seguro adivinas lo que ocurrió. La ansiedad incrementó y a las dos horas de haber bebido mi deliciosa taza de café, comencé con un ataque de pánico.

Desde entonces he hecho mi mayor esfuerzo de abstenerme de altas dosis de cafeína y sin duda ha sido un gran motor en mi ansiedad reducida. Irritablemente, casi todo parece contener cafeína: medicamento para el dolor de cabeza, bebidas gaseosas, inclusive el té. Pero al parecer, el té no tiene un efecto negativo. Supongo que se debe al contenido de cafeína reducido a comparación del café y de los componentes relajantes adicionales como lo es la teanina.

DEJANDO LA CAFEÍNA

Ahora quizá estés pensando, "Vaya, será mejor que deje la cafeína de inmediato!" Quizá incluso estés pensando lo contrario, "De ninguna manera dejaré la cafeína! No puede ser mala para mí. La he consumido por años! ¿Cómo voy a sobrellevar cada mañana sin esta? Me quedaré dormido en el escritorio!", etcétera.

Ahora bien, no trataré de azucarar esto. Dejar la cafeína en su totalidad tuvo como consecuencia experiencias nada placenteras en mi vida y sin duda alguna no querría pasar por lo mismo de nuevo si me fuera posible. Tuve dolores de cabeza, me sentía cansado, era miserable... pero no tuve ataques de pánico, así que a pesar de todo, fue una mejoría.

Las buena noticia es que puedes cosechar todos los beneficios de dejar la cafeína sin experimentar los inconvenientes. Solo es cuestión de dejarla *gradualmente.*

El plan

Antes de que implementes este plan, primero intenta un día sin cafeína. Eso significa nada de café, té, bebidas gaseosas, bebidas energéticas, ni nada que contenga cafeína escondida. Si descubres una mejoría en tus síntomas o sientes algún beneficio positivo, prométete a ti mismo de intentar independizarte de la cafeína, aunque sea por un periodo corto.

Es sencillo realmente. Todo lo que hay que hacer es reducir tu consumo diario de cafeína, un poco a la vez, durante el transcurso de una semana o dos.

Aquí, voy a utilizar el café como ejemplo ya que tiende a ser la fuente principal de cafeína para muchas personas.

1. **Día 1:** Únicamente bebe tu cantidad normal de café.
2. **Días 2-5:** *Comienza mezclando tu café con un*

50% descafeinado. Continúa bebiendo hasta completar el día 5.

3. **Día 6:** Ahora, mezcla el 25% de tu café regular con un 75% de café descafeinado por un día.
4. **Día 7:** Bebe únicamente café descafeinado.

FELICIDADES! Ahora eres oficialmente libre del café!

Ahora bien, si haces esto y no sientes alguna mejoría, quizá seas de aquellos afortunados que pueden consumir cafeína sin ningún problema! Toma tu buena taza y disfruta tu mañana.

Sin embargo, si eres como yo o como la mayoría de la gente que experimenta ansiedad, quizá hayas visto una mejoría destacada eliminando la cafeína. Si ese es el caso, es más sencillo vivir sin cafeína de lo que piensas.

<u>*Cómo vivir sin cafeína*</u>

Hay pocas opciones diversas para reemplazar bebidas que contienen cafeína que pueden ayudarte a atenerte al plan.

- Bebida gaseosa libre de cafeína_ Son muy fáciles de encontrar si observas la etiqueta.

- Agua carbonatada_ Es un gusto adquirido, pero es lo mejor! Algunas las hacen con saborizantes naturales de fruta, jugo y demás.
- Café descafeinado_ Si te gustan las buenas marcas, sabe igual! Y puedes disfrutar de otra más tarde sin entorpecer tu sueño.

Las bebidas energéticas es la única bebida que aún no he encontrado un substituto. Son básicamente bebidas con cafeína así que atente al agua mineral si puedes. Si no, un refresco sin cafeína si es que necesitas saborear la dulzura o bien agua carbonatada de fruta o jugos también funcionan.

OTROS BENEFICIOS DE DEJAR LA CAFEÍNA

Quizá aun estés debatiendo si abandonar la cafeína o no. Lo entiendo. Es algo difícil de considerar porque forma parte de nuestra vida diaria.

Si el prospecto de eliminar potencialmente toda tu ansiedad de la noche a la mañana no te es suficiente, existen otras razones por las que querrías considerar abandonar la cafeína.

Ahorrar dinero

Ese café diario puede incurrir en miles de dólares en un año.

- Un café con leche grande de Starbucks: $3.65 al día / $26 a la semana / **$1,332 al año**

- Energizante de 5 horas: $3 al día / $21 a la semana / **$1,095 al año**
- Café casero instantáneo: $0.71 al día / $5 a la semana/ **$259 al año**
- Bebida Monster Energy: $3 al día / $21 a la semana / **$1,095 al año**
- Tazas-K: $0.65 al día / $4.55 a la semana / **$237 al año**

Estamos hablando de un ahorro muy significativo. Tan solo imagine lo que podrías hacer con esos dos mil dólares en un año.

Disminuir la presión arterial

La cafeína ha sido demostrada que incrementa la presión arterial. Eliminar ésta puede disminuir la presión arterial y mantener tu corazón saludable por más tiempo.

Mejor sueño

La cafeína puede tener impacto grande y perjudicial en la calidad de tu sueño. El consumo de café u otras bebidas ricas en cafeína muy tarde en el día puede interferir en el sueño ya que a cafeína tiende a permanecer en tu sistema de cuatro a seis horas.

Una buena idea es al menos dejar de consumir

cafeína a partir de las 12 del día y deberás notar una mejoría en la calidad de tu sueño.

Mejor animo

La cafeína te altera el ánimo. No es inusual oír a la gente decir que esta de mal humor hasta que consumen su café matutino y comienzan a sentirse letárgicos cuando el efecto empieza a desvanecerse en la tarde.

Si desistes de la cafeína, ya no tendrás estas alteraciones. Puedes tener energía constante durante el día sin corajes ni choques.

Dientes más blancos y saludables

Es bien sabido que el café y el té pueden manchar tus dientes. Las bebidas energizantes y los refrescos son tan dañinos y pueden ocasionar esmalte dental y causar un deterioro.

Desistiendo de ellos te llevará a tener mayor salud (y algunos dirían, incluso más importante) dientes más blancos

Pérdida significativa de peso

Las bebidas ricas en cafeína generalmente añaden calorías insustanciales en nuestra dieta que no nos benefician de ninguna manera. Muchos expertos señalan que las bebidas azucaradas son un factor clave en la epidemia de la obesidad.

Observa lo que puedes evitar al eliminar aquellas bebidas ricas en cafeína.

- Renunciar al hábito de "una bebida energética al día" ahorra 200 calorías al día, 1400 calorías a la semana, y **$73,000 calorías en un año!**
- Renunciar aquel "Latte de vainilla de Starbucks al día" ahorra 250 calorías al día, 1,750 calorías a la semana, y **91,250 calorías en un año!**

Es una broma? Más de 90,000 calorías en un año? Aquí hay un enunciado sencillo: " Renuncia al Latte de vainilla y obtén abdominales".

No más nervios

Uno de los principales efectos secundarios que experimenta que gente con la cafeína son nervios o manos temblorosas. Este puede ser un inconveniente menor, o uno significativo. De cualquier manera, el renunciarla puede estabilizar las manos nuevamente y estabilizar tu progreso hacia un estado más saludable.

Menor riesgo de problemas cardiacos

La cafeína estimula los músculos del corazón, ocasionando que éste palpite con contracciones más poderosas. Aquellos con problemas cardiacos subyacentes pueden ser afectados. Recuerda también, que un impulso más fuerte de los músculos puede estar relacionado con un incremento de la presión de los vasos sanguíneos y el deterioro de la pared de éstos.

Reducción del riesgo de contraer Diabetes de tipo II

El café negro puede en efecto reducir el riesgo de diabetes. Por desgracia, la mayoría de la gente no consume café negro puro. El café azucarado o bebidas ricas en cafeína pueden incrementar el riesgo de contraer diabetes en un 26%, según la Escuela de Salud Pública de Harvard.

Así que como puedes ver, existe una variedad de beneficios en la eliminación de la cafeína. No tiene que ser permanente, y con el *Easy Quit Plan (Plan de Desistimiento Rápido)*, no tiene que ser difícil. Inténtalo _ te lo debes a ti mismo!

CAPÍTULO SIETE: SUPLEMENTOS QUE AYUDAN

Si optas por tomar la Rhodiola Rosea o la Teanina, deberás notar una mejoría en tus niveles de ansiedad (es decir, un decrecimiento). Si has tenido éxito y estás interesado en saber que más está disponible que pueda ser efectivo, quizá quieras tratar alguna de las opciones listadas en este capítulo.

Los suplementos pueden ser una herramienta fantástica para ayudar a controlar y vencer la ansiedad, pero no debería ser la única herramienta. La clave es poder controlar la ansiedad primero y después trabajar en eliminarla completa y permanentemente. Es algo que tomará un poco más de esfuerzo que tomar un par de vitaminas adicionales en la mañana, pero es muy realizable.

Debajo se encuentran los suplementos anti-estresantes más comúnmente usados, separados en sus principales categorías e información sobre su eficacia.

Intervenciones herbales

Los suplementos herbales es el tipo más común disponible. Muchos piensan que las hierbas apropiadas pueden suplir al cuerpo con los mismos efectos medicinales que cualquier otro fármaco, pero con el beneficio adicional de causar menos efectos secundarios ya que están generalmente disponibles en el mostrador. Los suplementos herbales más populares incluyen:

- **Kava_** uno de los suplementos disponibles más comunes y más estudiados por la ciencia, es uno de los pocos suplementos herbales que las investigaciones han mostrado favorable a comparación de medicamentos comunes contra la ansiedad. Vale la pena considerarlo como opción, pero toma en cuenta que se cree que la kava interactúa con el alcohol y otros medicamentos. También ha sido relacionada con daños en el hígado, pero esto parece ser

solo en caso de aquellos individuos que consumen alcohol regularmente.
- **Flor de la pasión_** a veces conocida como la versión diluida de la kava, pero se beneficia en que no provoca las mismas complicaciones de interactuar con el alcohol. No se cree que esta flor sea lo suficientemente potente para trastornos de ansiedad más severos, pero puede ser una herramienta útil para aquellos con una ansiedad controlada.
- **Raíz valeriana_** tradicionalmente usada como un somnífero, sus efectos relajantes responden bien ante la ansiedad. La raíz valeriana es similar a la flor de la pasión en el sentido que tendría un efecto notable, aunque quizá no tan fuerte si sufres de ataques de pánico. Es más útil reducir el efecto de un día frustrante o tratar de dormir si estas preocupado por algo.

Probablemente hayan miles de otros suplementos a considerar, pero estos son de los pocos que si existen récords registrados de éxito. Tés herbales, como la manzanilla y hierbabuena, también puedan ser de resultado, pero cuidado ya que es posible que los resultados se deban a un placebo.

Vitaminas y otros suplementos

Las vitaminas y suplementos alternos se están volviendo cada vez más populares como remedios potenciales contra la ansiedad. Por desgracia, no hay suficientes investigaciones en los beneficios de los suplementos y sus efectos en niveles de ansiedad.

Habiendo dicho esto, está muy bien documentado que una *falta* de ciertas vitaminas pueden causar ansiedad; aún no está clínicamente demostrado que los suplementos puedan tener efectos anti-estresantes.

En cualquier caso, suplementos con vitaminas pueden ser buenos para tu salud, así que considera probar con uno o más de ellos. Los más comunes incluyen:

- **Magnesio_** volviendo cada vez más popular como remedio contra la ansiedad, estudios recientes han mostrado que millones de personas muestran deficiencia debido a cambios en el contenido de minerales en alimentos y hábitos dietéticos. Como el magnesio afecta la salud de los nervios, las células de la sangre y otros, hay una buena razón para creer que niveles bajos de magnesio puede ser un factor contribuyente para algunos síntomas de ansiedad. También, no deja de ser muy bueno para tu salud, así que pruébalo.

- **GABA_** el neurotransmisor inhibidor que hace que te tranquilices, la GABA puede ser adquirido como suplemento. No obstante, como ya lo mencioné anteriormente, no se cree que las dosis del tipo estándar de suplementos GABA sean eficientes para pasar la barrera de la sangre en el cerebro, así que es poco probable que sientas un efecto fuerte. Puedes tomar un derivado de la GABA conocido como Phenibut, pero este suplemento tiene un potencial adictivo a efectos secundarios, así que no te recomiendo intentarlo sin antes hacer tu propia investigación extensa.
- **5-HTP_** es popular en personas que intentan lidiar con su ansiedad y depresión, les ayuda a que el cuerpo sintetice serotonina y

melatonina (ambos son químicos tranquilizantes y placenteros dentro del cerebro). Hay un número de estudios que exaltan los beneficios del 5-HTP, pero la mayoría no han sido bien ejecutados. Los resultados deben ser tomados con una pizca de sal. No obstante, mucha gente jura que les funciona así que puede serte de apoyo también.

- **Melatonina_** una de las hormonas clave que induce al sueño, es bombeada al cerebro antes de dormir y ayuda a relajarse. Afortunadamente, está disponible como suplemento dietético. Debido a su eficacia y potente inhibición de productos naturales de Melatonina, algunos países requieren de una prescripción para la Melatonina. No ha habido muchos estudios que muestren específicamente el efecto de la melatonina en la ansiedad, pero de nuevo, mucha gente las refiere como uno de los suplementos a recurrir.
- **Vitamina B_** la vitamina más común en el mercado, todas las vitaminas-B pueden tener un efecto en la ansiedad. Estas son

componentes clave del sistema nervioso, lo cual explica porque los estudios indican que las vitaminas-B como suplemento pueden también mejorar síntomas de ansiedad.

Diferentes vitaminas serán efectivas para diferentes individuos. Depende de la dieta, el ambiente, y tu genética. Sin embargo, la mayoría de las vitaminas tienen muy poca probabilidad de causar efectos secundarios si se toman en medidas recomendadas por agencias de salud tales como la AAM, así que mientras aún es necesario que lo consultes con un médico antes de usar cualquier vitamina, quizá debas considerar el averiguar que beneficios obtendrías de ellas.

Alternativas homeopáticas

Llámame escéptico, pero no he visto mucho que demuestre que la homeopatía funcione...en absoluto. No he hablado con ninguna persona que haya dicho que le ha funcionado.

De hecho, hay muy poca evidencia que la medicina homeopática tiene efecto, y muchas de las creencias ante la homeopatía van en dirección opuesta a la ciencia moderna. Aunque esto no es necesariamente algo malo (así como la vieja creencia que la tierra era plana), así que me estaré feliz si resulto estar equivocado y que si funciona.

Por último, la medicina homeopática no parece contener ni un riesgo, así que puedes investigar varios métodos para ver si satisfacen tu necesidad.

CAPÍTULO OCHO: OTRAS SOLUCIONES

Ejercicios de respiración y suplementos naturales pueden resolver problemas de ansiedad de la mayoría de las personas. Son increíblemente poderosas y es por eso que quiero escribir un libro sobre ellas para ayudar a tantas personas como sea posible y compartir mis experiencias con lo que me ha funcionado.

¿Pero qué opciones tengo yo?

Si no te interesa hacer ni un ejercicio de respiración o no estás conforme de tomar suplementos, ¿qué otras opciones están disponibles para tratar tu ansiedad?

Fármacos (o drogas)

En el mundo occidental, los fármacos parecen ser la elección más popular. Realmente no estoy de acuerdo con la prevalencia de los fármacos para remediar el pánico, la ansiedad y otros trastornos relacionados, pero aparentemente es la solución para muchos.

He mencionado varias veces en este libro consultar a tu médico si estas considerando en tomar cualquier suplemento, hacer cambios en la dieta, etcétera. Creo importante tener una relación con tu médico y que pudieran estar abiertos a otros métodos de tratamiento, no solo con drogas.

Si te gustaría encontrar un médico abierto a otros métodos de tratamiento, hay una variedad de listados que la gente está creando para ayudar a que todos escojan un médico apropiado para ellos. Sin duda alguna, querrás encontrar un médico funcional. Por suerte, hay una institución para eso y cuentan con una base de datos a tu disposición! Puedes encontrarla en:

https://www.functionalmedicine.org/ practicioner_search.aspx?id=117

Similarmente, mucha gente que está en la dieta *Paleo and Bulletproof* están acudiendo a médicos que estén más abiertos a terapias alternas. Puedes encontrar guías y listados aquí y, seguramente, en otros sitios web:

https://blog.bulletproof.com/bulletproof-doctor/

http://paleo.com.au/paleo-professionals/

http://paleononpaleo.com/paleo-doctors/

Por último, no estoy diciéndote que despidas a tu médico. No estoy aquí para decirte que con pensamientos positivos tu cáncer será curado ni nada por el estilo. Estoy aquí para decirte que puedes hacer grandes cambios en tu propia salud sin la necesidad de un médico.

Sí, si te enfermas, ve y visita a tu médico. Sí, si no puedes resolver tu ansiedad con los pasos de este libro, consulta a tu médico, pero por favor no acudas a las drogas porque parecen ser la salida fácil. No lo es, lo prometo.

23

DIETA

"*Tú eres lo que comes.*" Todos hemos escuchado esto. Es usualmente un comentario bien intencionado para animarte a alejarte de las papas y hamburguesas hacía algo más verde y saludable.

Solía hacer caso omiso, especialmente en mis años de juventud. Creía que podía comer lo que quería (regularmente un plato de pasta) y estar bien. Y ese fue el caso… por un tiempo.

Mucho ha cambiado desde aquello y ya no soy la misma persona. Me despierto temprano cada día y me enfoco en lograr grandes metas, pero en ese entonces, esta mentalidad floja me hacía sentido.

El punto es, que cuando era joven y perdí mi empleo,

comencé una rutina de dormir en exceso, despertar y comer un plato grande de pasta y después me sentía cansado, desubicado y desanimado el resto del día.

Dormía alrededor de 12-13 horas al día y aún así estaba cansado todo el tiempo. ¿Qué ocurría? No es de sorprenderse que esta "vida sin metas" ocurrió en el periodo en que la ansiedad y la depresión tocaron mi puerta por primera vez. ¿Coincidencia? No lo creo.

Encontré un cambio drástico en mi energía y ansiedad cuando encontré un trabajo y empecé a "comer" mejor en el trabajo. Mi ansiedad se fue. Mi depresión se fue. Era más feliz porque estaba más saludable. Como puedes adivinar por el título de esta sección, mi opinión en este asunto es muy claro: *LO QUE COMES AFECTA TU HUMOR!*

Hay muchos estudios de como las bacterias intestinales afectan tu humor y hay muchos estudios de como una diferencia en la alimentación afecta en cómo te sientes.

Como un ejercicio simple, ¿qué ocurre cuando comes un almuerzo abundante? Me refiero a un par de sándwiches o quizá algo de pasta, un refresco y una galleta de chocolate o dos de postre. Ahora dime, ¿cómo te sientes después de una hora?

¿Sentías como si estuvieras por quedarte dormido y no podías pensar con claridad? ¿Te sentías un poco lento y letárgico el resto del día? Muy probablemente. (De no ser así, eres una especie de anomalía médica y podrás ganar mucho dinero vendiendo tu cuerpo a la ciencia).

Esto es solo una sencilla ilustración de como los alimentos pueden afectar inmediatamente tu mente y fisiología. No es de mucha exageración entonces, si esa porción adicional de azúcar en el almuerzo pueda afectarte tan drásticamente que optar por una dieta sub-óptima pueda contribuir en otras cosas en el largo plazo, en especial, la ansiedad y ataques de pánico.

Sabemos ya que los carbohidratos en exceso causen obesidad (no te preocupes, esto no se está volviendo un libro sobre la dieta). Con el aumento en la tasa de obesidad, estamos viendo una fuerte correlación con un incremento en enfermedades neurodegenerativas como lo es el Alzheimer, ésta siendo denominada por científicos como diabetes tipo 3, ya que resulta de una resistencia a la insulina en el cerebro.

En fin, lo que la ciencia está diciendo, es que el exceso de carbohidratos en altas cantidades durante un periodo de años puede causar daños muy severos en la sangre y la mente. PERO…la buena noticia es que *siempre* hay algo que puedes hacer. La respuesta parece ser en tener una dieta de menor consumo de carbohidratos y mayor consumo de grasa saludable.

¿Por qué es esto importante, te preguntarás? Estamos empezando a ver evidencia sólida que las grasas saludables mejoran las funciones cognitivas en pacientes con Alzheimer.

Si ese enunciado por si solo no te entusiasma, ese mismo concepto está siendo aplicado en otras áreas de la medicina. Son muchos los científicos entusiasmados con el hecho de que una dieta baja en carbohidratos, y alta en grasa (llamada "dieta cetogénica) parece tener un efecto muy pronunciado en la inflamación del cuerpo así como todo un sinfín de beneficios.

Yo traté de seguir una dieta cetogénica por un mes. Tuve cero ataques de pánico. Después traté de consumir carbohidratos de nuevo y estos comenzaron de nuevo.

También he experimentado eliminando la cafeína

como ya he mencionado. (Bueno, al menos con el café. Soy Británico así que de ninguna manera dejaré el té) He tenido resultados muy exhaustivos en mis cambios. *No más cafeína = No más ansiedad.*

Ahora, no quiero que este capítulo sea una incitación a un estilo de vida de bajos carbohidratos, ya que encontrarás una infinidad de libros y blogs afirmando que es lo mejor después del pan rebanado (es una broma). Lo que quería mostrarte es que lo que comes afecta como tu sentir y tu desempeño. Así que cuando te digo que intentes dejar la cafeína por 30 días y observa cómo se reduce la ansiedad, es porque se que funciona.

Este capítulo entero fue para mostrarte esto. Lo que dejas entrar a tu cuerpo hace una gran diferencia en tu ansiedad y reacciones ante el pánico.

Así que come mejor y siéntete mejor por eso!

EJERCICIO

Si hay algo que la comunidad médica este de acuerdo, es que el ejercicio es bueno. También pueden afirmar que la falta de ejercicio es malo. Muchos estudios han mostrado una conexión fuerte que la falta de actividad física puede tener como consecuencia el desarrollo de un trastorno de ansiedad. Mientras que no todos pueden acordar exactamente por qué ocurre, algunas causas respaldadas por varios son:

- **Incremento en las hormonas de estrés.** Cuando estas estresado, tu cuerpo libera su principal hormona de estrés, llamada cortisol. Muchos estudios han indicado que el movimiento y el ejercicio te ayuda a moderar los niveles de cortisol, trayendo balance a los niveles normales en el cerebro. Esto está relacionado con lo discutido anteriormente en el libro. La ansiedad es el síntoma externo de la reacción de lucha y huída. Cuando tu cuerpo lo experimenta, éste espera que luches o huyas de el. Cuando no haces nada, tu cuerpo no sabe qué hacer consigo mismo así que se acelera en un intento para que tomes acción.

- **Energía No Usada.** Tú fuiste hecho para moverte, y cuando tu cuerpo no lo hace, puede generar tensión. Lo habrás notado en los animales. Los perros son en particular sensitivos y podrás notar que cuando no se les saca a su caminata diaria, pueden volverse ansiosos y altamente rigurosos. Es esencialmente el mismo concepto. Es porque no están trabando su energía, y eso se convierte primero en tensión física y subsecuentemente en tensión mental.
- **Balance en el Sistema Inmune.** El ejercicio también es un factor clave para mantener un sistema inmune bien regulado, así como un balance saludable de hormonas en el cerebro

y cuerpo. Algunos estudios sugieren que la inactividad puede prevenir estos balances.

Al igual que estos puntos principales, puede haber otros factores secundarios. La gente inactiva tiende a ocupar menos tiempo de disfrutar experiencias y las experiencias positivas pueden ser muy buenas para alivianar la ansiedad. La gente que no se esfuerza en mejorar su salud puede desarrollar problemas de salud que también pueden llevar a la ansiedad.

Sea cual sea el mecanismo, el *no* ejercitarse *no* es bueno para ti.

Obviamente, la falta de ejercicio no es la única causa de ansiedad para todos. Algunas personas pueden ser genéticamente propensas a la ansiedad. Otros pueden haber vivido eventos traumáticos que originaron sus síntomas de ansiedad. De cualquier manera, aunque la inactividad cause ansiedad o no, hay suficiente evidencia que afirma que el ejercicio puede ser de los mejores remedios para controlarla.

¿Entonces que hay para mí?

Si aún no consideras suficiente los inconvenientes que son causados por la falta de ejercicio, permíteme entonces animarte con sus beneficios. El ejercicio por si solo puede ser un remedio eficaz para reducir severamente e inclusive eliminar la ansiedad. Cualquier actividad física ayuda con la ansiedad, y dentro de más ejercicio hagas, es más probable que notes los resultados.

Sé que la idea de ejercitarse con regularidad suena desafiante para muchos. Es algo incómodo de pensar y quizá sea algo que hayas intentado y no te haya funcionado. Pero ahora tienes un mejor motivo para hacerlo. No solo estarás corriendo en la banda para ponerte en forma para la playa, sino para vencer la ansiedad! ¿Ese es un buen incentivo, no?

El ejercicio es un método extremadamente eficaz para controlar la ansiedad cotidianamente. Para mucha gente, éste puede ser la cura. Para otros, el ejercicio formará parte de una estrategia extensa para vencer la ansiedad. Como mínimo, será de gran ayuda y estarás más en forma y con mayor salud debido a esto.

Todo sobre el manejo de la ansiedad se trata de utilizar herramientas y técnicos para mejorar tu calidad de vida. Sin duda, el ejercicio es una de las herramientas más potentes para ese propósito. Algunos de los beneficios que debes esperar al ejercitarte diariamente son:

- **Es Mayormente Saludable.** Es lógico que si uno se encuentra en forma y saludable, serás más feliz, ¿cierto? Desde luego.
- **Menos Inactividad.** Tiene sentido, ¿no lo crees? Si te ejercitas con regularidad, todos los inconvenientes debido a la inactividad se irán y dejarán de ser un problema. Aún si la inactividad no era la causa principal de tu ansiedad, puede sin duda hacer el problema aún peor. El ejercitarse con regularidad tiene un impacto en los problemas que quizá hayas tenido a causa de la inactividad.
- **Más Neurotransmisores que "hacen sentir bien".** Una de las razones clave por la que el ejercicio es tan efectivo ante la reducción del estrés es porque éste expulsa químicos naturales de tu cuerpo y cerebro que tienen efectos similares a algunos medicamentos fabricados para la ansiedad. Encontrarás que el ejercicio expulsa endorfinas en el cerebro, que actúan en tu cuerpo como analgésicos naturales. Las endorfinas son comúnmente liberadas para prevenir que el ejercicio cause dolor, pero también juegan un papel importante para regular el humor (para bien) y relajar la mente. Realmente, es todo lo que

buscamos de los medicamentos, pero sin efectos secundarios!
- **Reducción de Cortisol.** Cualquiera que experimente ansiedad es probable que tenga un exceso de cortisol en su cuerpo. Esto se debe a el estrés que la ansiedad les ocasiona. El ejercicio tiene el maravilloso efecto de eliminar el cortisol y por ende, atenuar muchos de los síntomas que pueden llegar a incrementar la ansiedad, como problemas de concentración y fatiga.
- **Mejoría en el Sueño.** Si alguna vez te has ejercitado con determinación, sabrás que quedarse dormido es más fácil esa noche. Tu cuerpo está cansado y necesita tiempo de descanso y recuperación. Como la falta de sueño puede ser de mucha molestia para aquellos que padecen de ansiedad, el ejercicio es un remedio natural para inducir al sueño más rápido y mejor la calidad de este. Una mejoría en la calidad del sueño tendrá un gran impacto en cualquiera de padezca de ansiedad, ya que tu cuerpo contará con el tiempo suficiente para descansar y recuperarse.

Y algunos otros...

- Menor tensión, estrés y fatiga mental.
- Un reforzante de energía natural.
- Sensación de logro.
- Enfoca en la vida y motivación.
- Menos enojo y/o frustración.
- Apetito sano.
- Mejor vida social
- Diversión!

Hay un millón de razones más de porque ejercitarse mejorará tu ansiedad. El ejercicio mejora la confianza. Es saludable para tu cuerpo y una buena salud física es increíblemente importante para mantener una mente sana. Ayuda que cada aspecto de tu cuerpo funciona con mayor eficiencia y promueva de un balance en este.

¿Entonces qué tengo que hacer?

Cuando la mayoría escucha, "Oye, tienes que ejercitarte y te sentirás bien," por lo general se desaniman y piensan, "Si, si, ya lo he escuchado antes pero nunca he podido mantener una rutina por mucho tiempo. No es para mí."

Si no te has ejercitado por un tiempo, retomar el

hábito puede ser difícil, pero no tan difícil como vivir con ansiedad el resto de tu vida!

Cuando por primera vez comienzas, siempre será más difícil antes de volverse más fácil. Tu cuerpo necesita acostumbrarse. Lo que descubrirás dentro de una semana o dos es que podrás ejercitarte más, por más tiempo, y con menos estrés en la respiración y con más endorfinas siendo liberadas! La buena noticia es que no necesitas ejercitarte intensamente. Solo necesitas ser más activo.

Definitivamente pienso que deberías enfocarte en poder realizar ejercicios más fuertes. Algunos de los beneficios del ejercicio requieren de impulsar tu cuerpo a un cambio y adaptación, pero cualquier movimiento es mejor que ninguno. Aún si solo se trata de una caminata de 20 minutos o si juegas al baloncesto una vez al día, notarás una diferencia en tu ansiedad.

¿Cómo empezar?

El ejercicio no tiene que ser algo muy extenuante. De hecho, ni siquiera tiene que sentirse como ejercicio en absoluto. Puedes comenzar saliendo a caminar. Lo importante es que estés en movimiento.

Encuentra algo que sientas que puedas apegarte y asegúrate de hacerlo todos los días.

Si la caminata no es lo tuyo, hay otra infinidad de alternativas.

- **Consigue una bicicleta y anda a todas partes_** yo uso la mía para ir de casa al trabajo. Me ahorra una fortuna en combustible.
- **Sé deportista_** El fútbol o el baloncesto. Cual sea tu deporte preferido, sal y juega! Diviértete y empieza sin mucho esfuerzo.
- **Ejercítate en casa_** Probablemente haya cientos de canales de aptitud en YouTube con rutinas de ejercicio que puedes hacer desde casa, regularmente sin equipamiento adicional. Estos pueden ser muy efectivos y lo mejor de todo, son gratuitos!
- **Corre_** No tienes que participar en un maratón, comienza con distancias cortas en la calle y acumula estámina.
- **Clases de gimnasio_** Si te quieres enfocar en levantamiento de pesas, una buena idea es tomando clases que ofrecen la mayoría de los gimnasios. Estos pueden variar desde entrenamiento en circuito, spinning, danza y

cualquier otra. Encuentra una que suene divertida y lánzate!
- **Natación_** No necesitas ser Michael Phelps para nadar. Es un gran ejercicio y es divertido. Como bono adicional, exposición al agua fría puede ayudarte a quemar grasa!
- **Yoga_** Si no es de tu agrado el constante movimiento pero aún deseas incrementar tu ritmo cardiaco, el yoga y ejercicios de estiramiento pueden ser una buena manera de lograrlo.

Por último, se trata de empezar a ser activo. Si estas utilizando tus músculos e incrementando los latidos del corazón un poco más rápido (sin importar que se trate de un ejercicio poco intenso), estás teniendo un gran impacto en reducir tus síntomas de ansiedad.

¿Cuánto debo ejercitarme?

La guía general para los adultos es alcanzar un aproximado de 150 minutos de actividad moderada cada semana. Esto equivale a un promedio de 30 minutos, cinco veces a la semana. En un principio esto puede parecer mucho, pero aún un periodo breve de 15 minutos de caminata puede ayudar a despejar tu mente y relajarte.

Al final, todo tu ejercicio conllevará a ejercicios cada vez más intensos, pues dentro de mayor intensidad conlleve el ejercicio, más beneficios obtendrás de ellos y mayor será el impacto positivo que notarás en la ansiedad. Como siempre, te recomendaría consultar a tu médico antes de comenzar cualquier rutina de ejercicio- en especial si tienes en mente algo intenso.

En pocas palabras lo que quiero decir es; *cualquier ejercicio es mejor que ninguno.*

AFIRMACIONES

Ahora, esto puede sonar un poco trillado, pero tenme paciencia por un segundo. Gran parte de la depresión y ansiedad está centrada en patrones de pensamientos negativos. En conjunto con todo lo demás que hemos estudiado, afirmaciones positivas pueden ser de gran ayuda para combatirlos.

Utilizando afirmaciones puede sonar como algo de la "nueva era" o puede no tener sentido, pero estaría dispuesto a apostar que cualquier persona exitosa que quizá hayas oído hablar las ha utilizado para crear éxito. Y, si es lo suficientemente bueno para Dale Carnegie, es lo suficientemente bueno para nosotros, ¿cierto?

Lo curioso es que ya de por si utilizas afirmaciones. Todos lo hacen, pero no siempre se dan cuenta. Esas conversaciones internas que tienes contigo mismo, las cosas que te dices, esas son tus propias afirmaciones internas. Cuando te dices cosas como:

- "¿Qué si algo me ocurre?"
- "Haré el ridículo en público."
- "Mis latidos están a toda velocidad. Creo que moriré".
- "Algo anda mal."
- "Soy infeliz."

Esos son ejemplos de afirmaciones, y no del todo buenas! Pero no te preocupes; no es culpa tuya. Incluso personas que no tienen ansiedad seguido tienen dichas auto conversaciones muy negativas. La mayoría no está consciente de sus propias conversaciones internas, y sin embargo tiene un efecto muy poderoso en sus vidas.

En efecto, los resultados que obtenemos están basados en lo que pensamos. Obtienes más de aquello en lo que te enfocas. Si te enfocas en lo malo, solo encontrarás cosas malas. Pero si *eliges* enfocarte en lo bueno, entonces obtendrás más de lo bueno!

¿Cómo usar las afirmaciones para vencer la ansiedad?

Ya hemos establecido que tienes afirmaciones que utilizas. Quizás simplemente las estés usando inconscientemente. Lo que vamos a hacer es *reemplazar* esas afirmaciones negativas con positivas.

La idea de las afirmaciones es que deben ser repetitivas, consistentemente, de la misma manera que ya lo haces inconscientemente. Ahora estas escogiendo repetir afirmaciones positivas.

Tus afirmaciones deben ser positivas y reflexivas, describiendo en general la manera que te gustaría sentirte. Por ejemplo:

- "Mi ansiedad no me controla."
- "Estoy seguro y protegido."
- "Me siento tranquilo y en paz."
- "Tengo una buena vida y seguiré teniendo una buena vida".
- "Sé que podré detener mis ataques de pánico".

Puedes valerte de estas cuando estés ansioso, pero repeticiones diarias son la manera más eficaz de usarlas. Encuentra algunas de tu agrado en el internet, de tus amigos, o escribe tus propias líneas.

Léelas detenidamente en voz alta cada mañana. Puedes tener tantas como lo desees, las que sean que te funcionen.

Superando la actitud de "No creo en estas tonterías"

Si no has tenido experiencia previa de usar afirmaciones, puede ser un poco ridículo al principio. Decir cosas que no son ciertas y que no estés seguro sean creíbles para ayudarte a tratar con la ansiedad no es nada sencillo. El objeto de las afirmaciones no es para que por arte de magia tu estrés y ansiedad se curen instantáneamente. El propósito real de ellas es quitarles poder a las voces negativas de tu mente. Todo el tiempo que inviertes repitiendo las afirmaciones positivas es tiempo que no le permites a los pensamientos opuestos oprimirte.

Las afirmaciones pueden tener un efecto impactante aunque tome un poco de tiempo. También, a su vez, tienen otros beneficios:

- **Crear una Distracción Positiva.** La ansiedad es algo que puede dispararse y empeorar cuando los pensamientos se aceleran. Debido a esto, tus herramientas para hacerle frente deben ser positivas y alentadoras. El utilizar afirmaciones te da esa oportunidad de repetirte ese tipo de frases alentadoras. Eso distraerá tu mente de la ansiedad por un tiempo y también te ayudará a enfocarte a una idea positiva.

- **La Repetición Conlleva a Creer.** Tu cerebro se adapta constantemente a nuevos estímulos. Si no comprende algo, lo modifica para acomodarlo. Cuando continuamente te repites una frase positiva ocasiona un choque en los pensamientos negativos, y el cerebro comienza a adaptar esa nueva creencia que estas repitiendo. Esta práctica está basada en la teoría de la Disonancia Cognitiva, un fenómeno muy común que frecuentemente se aprecia, por ejemplo, en actores interpretando un papel. Los actores a veces se *"sienten"* del mismo modo que sus personajes. Por fortuna, puedes usar esto como ventaja al obtener los mismos beneficios a través de afirmaciones.
- **Refuerzo de la Positividad.** Un beneficio grande de las afirmaciones es que sirven como recordatorio constante para que seas y te sientas positivo. Puede ser un gran recordatorio de como deseas sentirte y la razón por la que te estas esforzando.

Las afirmaciones están originadas en las ideas de la Programación Neuro-Lingüística o PNL. En este contexto, es la creencia que afirmaciones positivas repetidas constantemente pueden cambiar la química en el cerebro de una persona de manera que fomentará sanidad y positividad. La PNL tiene a sus escépticos en la comunidad científica, pero tiene un crecimiento firme alrededor del mundo. Personalmente he tenido muy positivas experiencias con esto, y si no funciona, al menos no hay efectos secundarios!

¿Cómo maximizar los beneficios de las afirmaciones?

Tus propias afirmaciones deben ser expresiones que tengan un significado para ti. Si buscas en internet, podrás encontrar cientos de ejemplos y estos pueden ser de gran ayuda para comenzar. Idealmente, una afirmación debe ser algo escrito en tus propias palabras y algo que sea personal en su totalidad. De ese modo, significará más para ti cuando lo leas y tendrá un mayor impacto.

Para que las afirmaciones sean efectivas, también necesitarás leerlas de manera constante. Debido a la naturaleza de su funcionamiento, no observarás un beneficio significativo de inmediato. Quizá te sientas un poco tonto y ridículo cuando empieces a leerte a ti mismo, pero no desistas!

Las afirmaciones serán más y más efectivas dentro de más las uses. Tu malestar disminuirá mientras leas, y dichas afirmaciones parecerán más naturales, y por ende, más efectivas.

De nuevo, recuerda que las afirmaciones no son remedios autónomos para la ansiedad, pero pueden formar una parte sólida de tu auto tratamiento.

¿Entonces que decir?

Ahora que entiendes los beneficios de las afirmaciones, es hora de mencionar ejemplos para comenzar!

Siente la libertad de usar la lista de abajo o busca en internet algunos ejemplos que sientas pueden servirte de inicio No tienes que usar todos; solo necesitas escoger aquellas que te funcionen. No existe un mínimo para el número de afirmaciones que necesites; solo opta por aquellas que te sientas más cómodo.

Ejemplos de afirmaciones:

- Soy genial, tranquilo y relajado.

- Cada respiro me tranquiliza, y por cada vez que exhalo expulso la tensión.
- Cada célula de mi cuerpo está relajada y en calma.
- Me amo a mí mismo profunda e incondicionalmente.
- Tengo la certeza que resolveré los problemas de mi vida con éxito.
- Vivo en paz. Yo soy mayor que cualquier estrés.
- Soy sociable y me gusta conocer gente.
- Todo está bien en mi mundo y estoy seguro.
- Con cada respiro, me tranquilizo más y más.
- Con cada respiro, expulso la ansiedad en mí.
- El futuro es positivo. Le doy la bienvenida con esperanza y felicidad en mi corazón.
- Siempre supero mis miedos y vivo mi vida valientemente.
- Entiendo que la única constante en mi vida es el cambio y siempre estoy preparado.
- Soy libre de la ansiedad y vivo mi vida al máximo.

¿Cuándo usar las afirmaciones?

Como lo hemos debatido, las afirmaciones deben ser repetidas diariamente para que se vuelvan eficaces.

En las mañanas por lo general es más fácil. La manera más simple es leerlas antes o después de lavarse los dientes. Así, te recordará hacerlo cada mañana y pronto, formará parte de tu rutina matutina así que no pensarás en hacerlo, simplemente lo harás.

Un último detalle a mencionar es que las afirmaciones deben leerse en voz alta. Por ende, la mayoría querrá hacerlo cuando estén solos para que no se sientan como locos hablando solos! Otra razón para hacer esto alrededor del mismo tiempo en que te lavas los dientes es excelente porque estas en un cuarto apartado, así te sientes con más confianza mientras lees.

CAPÍTULO NUEVE: PASOS SIGUIENTES

Vaya! Esa fue mucha información. Espero que hayas detectado los capítulos y herramientas más relevantes para ti y que este libro te haya servido.

Si aún te sientes un poco abrumado por toda la información, no te preocupes! Es sencillo. Solo sigue los siguientes pasos y estarás en buen camino para vencer la ansiedad.

PLAN DE ACCION

1. Aprende a utilizar el método de respiración 4-7-8 para controlar la ansiedad.
2. Intenta tomar suplementos naturales como la Rhodiola Rosea o la Teanina-L.

3. Elimina la cafeína (no olvides el "Plan Sencillo para Eliminar la Cafeína").
4. Ponte en movimiento con ejercicios que puedas hacer diario.
5. Escribe afirmaciones positivas y léelas a diario.

Eso es todo. Pasos sencillos que te guiarán en la mayor parte del camino y reducirán drásticamente la constante ansiedad. Puedes potencialmente detener los ataques de pánico y sentirte más feliz sobre tu vida!

Finalmente, siempre hay algo que puedes hacer para mejorar tu vida. Este libro te enseña a retomar el control de tu vida. Después dependerá de ti sobre que decidas hacer con tu libertad!

GRACIAS

Realmente espero que este libro te haya ayudado en tus luchas con la ansiedad y el pánico.

Si has visto un cambio positivo por aplicar las herramientas y técnicas de este libro, me gustaría escuchar de ti. Puedes contactarme a través de la dirección ed@edjonesbooks.com. También puedes visitar mi sitio web (www.edjonesbook.com) para solicitar información de otros libros míos, novedades y ofertas exclusivas_ como pre-lanzamientos y muestras gratuitas de mis libros!

OTROS FORMATOS & TU AUDIOLIBRO GRATUITO

Audiolibro Gratuito

Muchas gracias por tomarte el tiempo de leer mi libro. Realmente espero que te haya sido de utilidad y, en especial, espero que hayas podido usar las herramientas mencionadas para sobrellevar retos que estés enfrentando.

Entiendo que los pasos aquí son más útiles si son repasados periódicamente y a veces con audio es la mejor manera de hacerlo.

Es por eso que invertí mucho tiempo encontrando un narrador y produciendo un audiolibro de alta calidad que he hecho para ti. Puedes encontrarlo en Audible e incluso obtener una copia GRATIS al firmar utilizando la siguiente liga:

http://www.audible.com/offers/30free?asin=B01N4GGH8U

Como divulgación general, esta es una liga afiliada que me ayuda a mí y a mis escritos, pero si no deseas usar dicha liga, siéntete en libertad de firmar por separado… no me ofenderé!

Libro de Bolsillo

Si prefieres tus libros de la manera tradicional con el formato de bolsillo, puedes obtener tu copia aquí:

https://www.createspace.com/6677106

SOBRE EL AUTOR

Soy Edward Jones. Era un tipo normal, llevando una vida ordinaria. Después, en el transcurso de varios meses, mi salud mental comenzó a deteriorarse mientras que la ansiedad, los ataques de pánico y la depresión dirigieron mi vida.

Estos problemas fueron de mal en peor. Nada me ayudaba. Hablé con mi médico (quien quería medicarme), pero tomé la decisión que no iba a tomar esa dirección. En mi momento más intenso, apenas podía salir de mi cuarto sin pasar por ansiedad masiva y ataques de pánico.

Fue en ese momento donde decidí curarme, sin importar el costo.

Esa decisión me condujo a la investigación y a

intentar alguna de las maneras más efectivas de controlar y eliminar la ansiedad, ataques de pánico y la depresión. Fue un camino lento a la recuperación, pero cada segundo valió la pena. Volví a recuperar mi vida y estoy más feliz que nunca!

Una vez que detecté que funcionó y salí del apuro, sentí el deseo de compartir mi recién conocimiento adquirido y ayudar como mejor pudiera a muchos otros que estén en la misma situación.

Planeo escribir varios libros para exponer toda la información y me encantaría contactarme con cualquiera que esté pasando por ansiedad o depresión. A veces lo más poderoso que hay es saber que alguien ha vivido por lo que estas pasando, y que existe una solución.

He estado ahí, siento tu dolor y me encantaría ayudarte a recuperar tu vida!

Me gustaría escuchar de cualquiera que esté dispuesto a hablar más sobre estos problemas. Puedes contactarme en ed@edjonesbooks.com o a través de mi sitio web; http://edjonesbooks.com/

LIBRO DOS

Venciendo los Ataques de Ansiedad

5 pasos sencillos para eliminar los ataques de ansiedad sin esfuerzo

Quiero agradecerte y felicitarte por descargar el libro, Venciendo los Ataques de Ansiedad: 5 pasos sencillos para eliminar los ataques de ansiedad sin esfuerzo.

Este libro contiene pasos demostrados y estrategias sobre cómo eliminar por completo ataques de pánico en 5 pasos sencillos para retomar el control de tu vida rápida y fácilmente.

Este libro también incluye un breve panorama de los ataques de pánico y trastornos del mismo. Da también sus definiciones a si como sus principales causas y síntomas. El conocer sobre ataques de pánico y trastornos de pánico puede realmente ayudar a estar preparado en caso que experimentes un síntoma familiar.

Por otra parte, este libro debate las 5 técnicas sencillas y estrategias a utilizar y quieres superar tus ataques de pánico rápida y eficazmente. Estos pasos constan del uso de técnicas respiratorias y de meditación para mejorar tu condición para que puedas retomar el control de tu vida.

Gracias de nuevo por descargar este libro, espero lo disfrutes!

¿QUÉ SON LOS ATAQUES DE PÁNICO?

Los ataques de pánico apestan. Permíteme decirlo. Si alguna vez has experimentado de uno, sabes a lo que me refiero.

Lo irritante es que tu cuerpo solo está haciendo su trabajo. Creé que estas en peligro así que activa el estado de lucha y huida.

Google define un ataque de pánico como:

"un pensamiento repentino de ansiedad grave e incapacitante"

Lo que parece resumirlo claramente…. que mala onda.

Algunas personas experimentan ataques de pánico muy raramente y otros tienen una lucha constante contra ellos, a veces incluso diariamente. Si es tu caso, siento tu angustia, puedo apreciar tu lucha y créeme, hay varias soluciones muy sencillas que puedes comenzar a implementar *hoy.*

Personalmente, cuando sufría de estos ataques, padecía de agorafobia extrema y apenas podía abandonar mi cuarto. Más tarde, tuve ataques masivos mientras conducía, en particular en autopistas y sentía la llegada de un ataque con tan solo pensar en tener que conducir en una.

No siempre hay un patrón o motivo de porque los ataques de pánico suceden. En algunos casos, como el mío y mi problema con las autopistas, era muy obvio que me ocasionaría un ataque. Tenía ansiedad extrema en una situación en específico.

También sufría de ataques de pánico repentinos y sin aparente motivo, en situaciones que por las que ya he pasado sin ningún problema.

Pase por una en una cena con la familia de mi esposa… fue divertido.

Según estadísticas, al menos uno de cada diez individuos experimenta ataques de pánico en algún momento. Al igual, al menos uno de cada cincuenta individuos sufre trastornos de pánico.

Tan solo en los Estados Unidos, más de 60 millones de individuos experimentan ataques de pánico y más de 3 millones sufren trastornos de pánico _ así es cuan común son los ataques de pánico y sus desordenes! Así que descuida, no estás solo.

Señales y Síntomas de un Ataque de Pánico

Las señales y síntomas de un ataque de pánico tienden a manifestarse abruptamente. Regularmente alcanzan la cima dentro de unos minutos y pueden durar hasta 30 minutos (por lo general mucho menos) y a veces llegan en ciclos.

Aquellos que pasan por ataques de pánico por lo general observan que experimentan una o más de lo siguiente:

- Mareo
- Falta de aire
- Transpiración
- Dolor de estómago
- Aturdimiento
- Hiperventilación
- Sequedad en la boca
- Dolores de pecho
- Entumecimiento
- Temblores

- Sensaciones de hormigueo
- Sofocos fríos y calientes
- Sensación de ahogamiento
- Temor de perder la cordura
- Temor de morir

Si tu experimentas un ataque de pánico y detectas alguno de estos síntomas físicos, quizá equivocadamente pienses que tienes un trastorno físico debido a los síntomas tan reales que sientes en el momento. Esta no es la casusa. En serio. Has pasado por ataques de pánico antes estás bien, ¿cierto? Sin ataques al corazón, sigues cuerdo, sin problemas de salud en curso, etc. Al igual, incluso si sientes que realmente estas por morir, existe una alta probabilidad que no sea así.

Los síntomas de ataques de pánico ocurren antes de que el cerebro ponga en sobre marcha impulsos nerviosos hacia otras partes de tu cuerpo. Así que cuando tienes un ataque de pánico, tu cuerpo puede liberar más hormonas, incluyendo la adrenalina. Esto te incita a activar el estado de lucha y huida.

El estado de lucha y huida es algo que está adherido en tu sistema. Comenzó desde nuestros ancestros de la era Paleolítica cuando tenían que afrontar el peligro o huir para mantenerse seguros y con vida. En el presente, aún experimentamos esa reacción de lucha y huida cuando nos enfrentamos a una situación peligrosa, o al menos, una situación que percibimos peligrosa.

Lo que podrás descubrir es que tu cuerpo también puede tener la misma reacción al pasar por un ataque de pánico. Puedes hiperventilar o respirar muy pesadamente. Al hacer esto, inhalas cantidades fuertes de dióxido de carbono, ocasionando un cambio en la acidez de la sangre. Esto lleva a otros síntomas como calambres, confusión, y a veces desmayo (muy raro!).

Este desbalance no es dañino en absoluto pues, una vez que te tranquilizas, el cuerpo naturalmente pondrá todo en equilibrio de nuevo. Es básicamente solo un episodio de respirar despacio.

Si te identificas con cualquier cosa que acabas de leer, no te preocupes! Existen fantásticas herramientas y técnicas para sobrellevar esto y retomar el control de tu vida hoy!

Causas de Ataques de Pánico

Los expertos no han podido señalar una causa exacta de ataques de pánico, pero han encontrado que la genética e historial familiar tienen algo que ver. Aquellos cuyos miembros de la familia tienen trastornos de pánico son más propensos a tenerlos.

Además, los ataques de pánico pueden ser desencadenados por exposición a situaciones estresantes como hablar en público o cruzando un puente e incluso algunos alimentos y bebidas pueden tener un impacto como lo veremos más tarde.

Superación de Ataques de Pánico y Trastornos de Pánico

Ahora, esto puede sonar un poco pesimista, pero no temas! Hay herramientas y técnicas increíbles para superar estos problemas. Muchos de ellos encontrarás que tienen un impacto inmediato, mientras que los otros te ayudarán a estar más relajado y más feliz de manera continua.

Comencemos!

CUERPO Y MENTE

Capítulo 2: Paso 1 - Práctica de Meditación Atenta

La meditación consciente es uno de los remedios naturales más eficaces y altamente recomendados para trastornos de pánico. Esta técnica consiste en estar atento a tu situación actual si hacer ningún tipo de juicio.

A través de esta técnica, podrás aprender a ver las cosas más claramente así como enfocarte más en tu situación presente. Según un estudio dirigido por investigadores de la Universidad de Lund en Suecia, una atención plena es igual de efectiva que la terapia conductual cognitiva, que es todo sobre reemplazar patrones de pensamiento negativos a positivos.

En otro estudio conducido en la Universidad de Boston, investigadores han encontrado que la atención plena le ayuda a las personas con depresión y ansiedad a desprenderse de pensamientos negativos y frenar la obsesión hacia ellos. Al final del estudio, los participantes pudieron librarse de su ciclo de depresión o ansiedad.

Así mismo, investigadores han encontrado que una meditación con atención plena puede ayudar a dormir mejor, regular sus niveles de humor, y alivianar el estrés, permitiéndote relajar y prevenir ataques de pánico.

Si quieres que tu calidad de vida mejore, no hay duda que una meditación con atención plena puede ser realmente útil y lo hermoso de esto es;

Es muy fácil de aprender!

¿Por qué la Meditación Atenta?

Meditación Atenta suena algo idealista. Sí. Claro que suena así. Trae a la mente imágenes de hippies o monjes sentados en la cima de una montaña murmurando suavemente *"ooommmmm"* a sí mismos. Aunque ese no es exactamente el tipo de meditación que nos referimos, parecen ser tipos muy relajados,

¿cierto? Quizá estén tramando algo con todo el asunto de la *meditación.*

Estamos hablando de una herramienta increíble para aprovechar en el momento presente. Ultimadamente, lo que esto hace para ayudar es ver los síntomas que tienes y verlos *objetivamente.*

¿Por qué es esto tan importante? Bien, si alguna vez has experimentado un ataque de pánico, quizá puedas atestiguar a que sin importar que lo ocasionó, cuando estas en medio del ataque, solo piensas en lo peor y estas muy lejos de ser objetivo.

"Estoy teniendo un infarto, me voy a morir. Dios mío, mi familia se pondrá triste. ¿Qué he hecho con mi vida?" , y así sucesivamente.

Lo que la práctica de ser atento te ofrece es la habilidad de retroceder un poco del momento, observar los síntomas objetivamente y decir;

"Ahhh, ya veo que solo es una ligera molestia en el pecho. Está bien. No significa que estoy teniendo un infarto. Es lo que es."

"Veo que hay una serie de pensamientos de como creo que me estoy volviendo loco. No hay problema.

No necesito entenderlos, simplemente saber lo que son."

"Mirando estos síntomas puedo ver que esto es mi cuerpo reaccionando ante algo. Mi cuerpo está sobre actuando porque cree que estoy en peligro. Pero no lo estoy. Observaré estos síntomas hasta que se vayan y continúe con mi vida."

Como Practicar la Meditación Alerta

La respuesta corta es:

Toma asiento, pon atención a tu respirar, y cuando notes que tu atención esta divagando, vuelve a estar atento a la respiración.

Para poder lograr una práctica más profunda consideren lo siguiente:

- Tener buena postura con tu espalda recta y relajada en una silla o cojín. Puedes usar una manta y una almohada, aunque un buen cojín te puede servir de por vida en la práctica. Puedes sentarte en la silla con tus pies en el suelo, las piernas ligeramente cruzadas, en la posición de loto (si eres muy flexible), arrodillado, etc. Sin importar como te sientes,

no hay problema, mientras estés cómodo. Solo asegúrate de estar estable y recto. Si las restricciones de tu cuerpo te impiden sentarte recto, solo encuentra una posición cómoda que puedas mantener por un tiempo.
- Una vez que estés cómodamente sentado, comienza a sentir tu respiración por dentro y fuera. Trata realmente de seguir la respiración hasta el fondo por la boca, hasta tus pulmones, rellenando tu estómago, y después la expulsión.
- Inevitablemente, tu atención perderá enfoca en la respiración y divagará a otros lugares. Esto le ocurre a todos. Es literalmente parte de la práctica así que no te estreses por hacerlo mal!
- Cuando notes esto, ya sea en unos pocos segundos, un minuto o cinco minutos, solo vuelve tu atención a la respiración. No te molestes en juzgarte a ti mismo u obsesionarte sobre el contenido de los pensamientos.
- Tu concéntrate. La mente divaga. Notarás esto y volverás tu enfoque a la respiración, y repetir. Ésa es la práctica.

Es increíblemente simple, pero no necesariamente fácil. Solo continúa haciéndolo y obtendrás los resultados.

No es tan fácil como decir *"Me ordeno a mi mismo a renunciar a pensar en nada más que mi propia respiración que he decidido enfocarme."* Porque te encontrarás pensando en comida para gato o lo que sea. El punto es que *notes* que te has desviado. Entonces puedes gentilmente volver tu atención a la respiración y estar presente nuevamente.

Practica el dejar ir aquellas cosas que no tienes dominio. Con frecuencia, la gente se vuelve ansiosa y experimenta ataques de pánico solo por seguir con la preocupación de ciertas cosas que ocurran o que no ocurran.

Por ejemplo; no puedes controlar accidentes, calamidades naturales, los sentimientos ajenos, y un sinfín de cosas más. Recuerda que no eres Dios (a menos que lo seas, y de ser así, gusto en conocerte Dios), eres un ser humano. No puedes controlarlo todo, sin importar cuanto lo desees.

Así que cuando te envuelves en un accidente o pierdes a un ser querido, no hay nada que hacer más que aceptar el hecho y seguir adelante. Siempre trata de ver el lado positivo del incidente, sin importar que tan duro pueda ser al momento.

Digamos por ejemplo, que estas pasando por un divorcio. En lugar de verlo como una gran pérdida, puedes verlo como una oportunidad para un nuevo comienzo.

Cuando empiezas a ver y a concentrarte en lo positivo de todo, encontrarás a un más de eso mismo. Si naturalmente tienes más cosas buenas y positivas en la vida, ¿no es lógico pensar que serás más feliz y con menos ansiedad?

Adicionalmente, tu presión arterial se regularizará. Seguido, el estrés y la ansiedad ocasionan que la presión arterial aumente. Para poder traerla a su nivel regular, hay que permitir que las vesículas sanguíneas se dilaten. Puedes contribuir en esto respirando profundamente y liberando la tensión.

Interesantemente, la ansiedad no solo afecta la mente, sino también afecta el cuerpo. Puede desencadenar varios cambios y síntomas físicos. La ansiedad excesiva puede activar el estado de lucha y huida en tu sistema, ocasionando que tu sistema nervioso linfático libera la hormona estresante cortisol. Esto, a su vez, puede incrementar los niveles de azúcar en la sangre y triglicéridos.

También puede causar dificultad para respirar, mareos, sequedad en la boca, nausea, transpiración y ataques de pánico.

Lo realmente positivo de esto es que una vez que revisas tu ansiedad con estos pasos, podrás observar una mitigación en problemas de salud potencial y persistente, o al menos una reducción. Cuando practicas las técnicas de relajación activas un estado de relajación, el cual es caracterizado por sentimientos cálidos y una alerta mental silenciosa.

Genial, ¿no lo creen?

PASO 2 – PRÁCTICA DEL ESCANEO CORPORAL

La Meditación por Escaneo Corporal es una práctica popular para aliviar el estrés. Si tienes un trastorno de pánico o sufres de cualquier tipo de ansiedad, el practicar esta técnica puede realmente ayudarte a prevenir ataques de pánico y aliviar preocupaciones anteriores. Es de hecho muy similar a la relajación muscular progresiva, con la diferencia que se enfoca en las sensaciones de tus partes corporales en lugar de relajar y tensionar los músculos.

CÓMO PRACTICAR LA MEDITACIÓN POR ESCANEO CORPORAL

La Meditación por Escaneo Corporal es muy similar a la meditación consciente que acabamos de describir en su práctica y aplicación. Estas haciendo algo que te trae de nuevo al presente.

A continuación muestro detalladamente los pasos para el asombroso, *StillMind (Mente Relajada)*

1. *Siéntate en una silla para estar al tanto de tu respiración, o acuéstate, poniéndote cómodo, recostado en tu espalda o en una alfombra en el piso o en tu cama. Escoge un lugar donde puedas estar cálida y sin ser interrumpida. Permite cerrar tus ojos gentilmente.*
2. *Tómate unos momentos para entrar en contacto*

con el movimiento de tu respirar y las sensaciones del cuerpo cuando estés listo, trae tu consciencia a las sensaciones físicas de tu cuerpo, en espacial las sensaciones de toque o presión, donde tu cuerpo hace contacto con la silla o la cama. En cada brote, permite soltarte a ti mismo, húndete más profundo en la silla o la cama.

3. *Recuerda de la intensión de esta práctica. Su meta no es que te sientas diferente, relajado o en calma; esto puede ocurrir o no. En lugar de eso, la intención de la practica es, tan mejor como se pueda, tener consciencia de cada sensación que detectas, así enfocas tu atención en cada parte de tu cuerpo.*

4. *Ahora trae tu consciencia a las sensaciones físicas en el abdomen inferior, estando consciente de los patrones de cambio en las sensaciones de la pared abdominal al respirar por dentro, y por fuera. Tómate unos minutos para sentir las sensaciones en lo que inhalas y exhalas.*

5. *Una vez conectado con las sensaciones del abdomen, lleva el enfoque de tu atención a la pierna izquierda, hacia el pie izquierdo, y hacia los dedos del pie izquierdo. Concéntrate en cada dedo del pie izquierdo, trayendo una leve concentración para determinar la calidad de las*

sensaciones que encuentres, quizá notando la misma sensación de contacto entre los dedos, una sensación de hormigueo, calidez, o ni una sensación en particular.

6. *Cuando estés listo, al inhalar, siente o imagina el aire entrando a los pulmones, y después hacia el abdomen, hacia la pierna izquierda, el pie izquierdo, y hacia los dedos del pie izquierdo. Después, al exhalar, siente o imagina el aire entrando de vuelta, fuera del pie, dentro de la pierna, hacia el abdomen, pecho, y fuera por la nariz. Dando tu mejor esfuerzo, continua esto por varios respiros, inhalando hacia los dedos de los pies, y exhalando desde los dedos de los pies. Puede ser difícil acostumbrarse a esta práctica, solo practica esta "respiración hacían dentro" tan bien como puedas, de una manera juguetona.*

7. *Ahora, cuando estés listo, en una exhalación, suelta la concentración de los dedos, y ahora concéntrate en la sensación en la planta del pie izquierdo_ trayendo una consciencia hacia la planta del pie, el empeine, el talón (observa la sensación cuando el talón hace contacto con la alfombra o la cama). Experimenta con las sensaciones_ estando consciente de la respiración*

como ruido externo, mientras que en el primer plano exploras las sensaciones del pie izquierdo.

8. *Ahora permite que la consciencia se expanda hacia el resto del pie_ al tobillo, la parte superior del pie, y directo en los huesos y coyunturas. Después, exhalando un poco más profundo, dirigiéndolo hacia abajo al resto del pie izquierdo, y cuando finalmente exhales, suelta por completo tu pie izquierdo, permitiendo que el enfoque de tu concentración se mueva hacia la pierna baja izquierda_ la pantorrilla, la espinilla, la rodilla, y así sucesivamente.*

9. *Continúa trayendo consciencia, y una gentil curiosidad, a las sensaciones físicas de las partes restantes de tu cuerpo_ la parte superior de la pierna izquierda, los dedos del pie derecho, el pie derecho, la pierna derecha, el área pélvica, la espalda, el abdomen, el pecho, los dedos, las manos, los brazos, los hombros, el cuello, la cabeza y el rostro. En cada área, haciendo tu mejor esfuerzo, aplica el mismo detallado nivel de consciencia y curiosidad en las sensaciones corporales presentes. Conforme abandonas cada área, hay que inhalar para tomar posesión, y exhalar para soltarla.*

10. *Cuando estás consciente de la tensión,*

> o de otras sensaciones intensas en una zona particular de tu cuerpo, puedes inhalar a ellas_ utilizando la respiración para traer consciencia a esa sensación, y después, como mejor puedas, libera y expulsa esa sensación al exhalar.
>
> 11. *La mente inevitablemente perderá concentración del respiro y del cuerpo. Eso es normal. Es lo que la mente hace. Cuando lo notes, reconoce ese hecho, detectando hacia donde se ha ido la mente, y después torna tu atención a la parte de tu cuerpo que pretendías enfocarte.*

Después de que hayas "escaneado" tu cuerpo entero de este modo, invierte unos minutos ahora estando consciente de tu cuerpo en su totalidad, y en la respiración que fluye libremente dentro fuera del cuerpo.

Si notas que te estás quedando dormido, puede ser de ayuda apoyar la cabeza en una almohada, abrir los ojos, o hacer la práctica estando sentado en lugar de estar recostado.

Puedes ajustar el tiempo invertido en esta práctica usando partes extensas del cuerpo para estar consciente de éste, o bien invertir un tiempo más corto o largo con cada parte.

PASO 3 – PRÁCTICA DE ANCLAJE

No siempre es fácil controlar los nervios. Necesitas de habilidades suficientes. Piénsalo de esta manera; Te han pedido dar un discurso. Esto es algo que siempre has soñado. Sabes que si lo haces bien, quizá obtengas un aumento, podrás adquirir esa hermosa casa que siempre has querido…. Sin embargo, tienes esas mariposas en el estómago.

¿Entonces que puedes hacer al respecto? ¿Qué si hubiera un botón mágico que pudieras oprimir y que te diera calma y confianza inmediata? Pues que crees…

¿Qué es el anclaje?

En la PNL (Programación Neurolingüística), el

anclaje se refiere al proceso de asociar una respuesta emocional con un detonante para que la respuesta pueda ser rápida y potencialmente alterada.

En nuestro caso, esto significa que puedes usar el anclaje para asociar un estado mental en calma con un detonador interno para ayudar a tranquilizarte y eliminar la ansiedad rápidamente.

Esto se logra almacenando estados mentales para que puedas lanzar el ancla y establecer el estado instantáneamente.

Una breve historia:

El anclaje es parecido a los experimentos de Pavlov con los perros. Pavlov agitaba una campana cuando el perro era alimentado. Los animales salivaban cuando veían la comida. Después de hacer esto varias veces, la campana y la comida siendo juntamente mostradas, la campana por si sola hacía que los perros salivaran. Pobres perros.

Los anclas son estímulos que exponen estados mentales_ pensamientos y emociones. Por ejemplo, tocar el nudillo de la mano izquierdo podría ser un ancla. Algunos anclas son involuntarios. Quizá el olor del pan pueda recordar tu niñez. Una melodía puede recordarte de un ser amado. Un toque puede revivir memorias y hechos pasados. Estos anclas funcionan automáticamente y tu ni siquiera estés consciente de los detonantes.

Establecer un ancla significa producir el estimulo (el ancla) cuando un estado deseable está siendo experimentado para que dicho estado esté a la par con el ancla.

Los anclas pueden ser visuales, auditivos o kinestésicos y pueden ser instalados rápidamente y con facilidad (al igual que un software)

INSTALANDO ANCLAS

*E*s un proceso muy sencillo y una vez hecho, puedes usar el ancla cuando sea que necesites ese refuerzo de calma.

1. Decide en qué estado deseas anclar. Ejemplo, estando en calma y relajado.
2. Escoge un ancla (o anclas) que desees activen el estado deseado.
3. Recuerda algún momento vivido o situación donde puedas experimentar ese estado. Es decir, recuerda un momento o imagen donde hayas experimentado calma y relajamiento. Una tarde ociosa en la playa o una tarde agradable con tus amigos viendo la TV por ejemplo.

4. Activa el ancla o anclas cuando la experiencia esté vívida y estés en el estado deseado.
5. Suelta el ancla cuando la experiencia se empiece a desvanecer. Si continúas aplicando el ancla cuando la experiencia esta en desvanecimiento, podrás anclar en una dosis de calma y relajación.
6. Haz algo adicional_ abre los ojos_ cuenta desde 10 para romper el estado y te distraigas.
7. Repite los pasos varias veces, cada vez haciendo la memoria más vívida. Esto no es realmente requerido cuando el ancla este establecido en el punto más alto de la experiencia. No obstante, puedes fortalecer el ancla estableciéndolo en el punto más alto de varias experiencias precisas.
8. Aplica el ancla y verifica que el estado deseado ocurra.
9. Visualiza la situación en el futuro cuando desees experimentar el estado deseado. Lanza el ancla para verificar que cree un estado lo suficientemente vívido.
10. Revisa el ancla al día siguiente para asegurarte que es un ancla permanente.

Tips para el anclaje

- El ancla (o anclas) deben ser lanzados de la misma manera cada vez que lo relaciones con la experiencia ingeniosa.
- Haz el anclaje en la parte más alta de la experiencia conteniendo el estado deseado.
- Si no experimentas dicho estado en el futuro y en especial si experimentas ansiedad, entonces deja de aplicar el ancla. (Ese ancla te llevará a un estado negativo!)
- Existe un conocimiento que hace que el anclaje funcione que está establecido en la mente inconsciente.
- Puedes fortalecer el ancla repitiendo el proceso de arriba por varios días.
- Si estas en una situación donde experimentas el estado deseado en la realidad, entonces puedes restablecer el ancla a esa situación.

El anclaje puede ser una herramienta increíble para ayudarte a sobrellevar la ansiedad en el momento. Es muy útil para cualquier otro estado que necesitas entrar al momento.

¿Quieres sentirte más energizado? *Haz un ancla.*

Hay casi un sinfín de posibilidades, pero para fines de este libro, solo crea uno que te haga sentir en calma. Si tienes un ataque de pánico y tienes establecido un ancla, eso te traerá de nuevo calma en el instante y eso es lo que realmente queremos, ¿verdad?

RESPIRACIÓN

PASO 4 – PRÁCTICA DE TÉCNICAS RESPIRATORIAS SENCILLAS

Las técnicas respiración son altamente efectivas ante el manejo del estrés y la prevención de ataques de pánico. Puedes practicarlas cuando sea y donde sea que estés. Así que aún cuando no puedas escapar de una situación estresante, sí puedes mantener la calma y prevenir el inicio de un ataque de pánico.

Estas técnicas te permiten experimentar alivio del estrés sin ir a ninguna parte. Puedes permanecer en tu escritorio y practicar los ejercicios respiratorios. Puedes hacerlos mientras conduces. Puedes hacerlo cuando estés con tus amigos, y de esta forma, siempre tendrás una herramienta a tu disposición cuando te sientas ansioso y puedas rápida y fácilmente auto tranquilizarte.

Ahora, puedes intentar millones de ejercicios (y sugiero que lo hagas). Puedes invertir horas en el YouTube y en blogs intentando diferentes métodos, pero para mí, una técnica se mantiene por encima del resto. Es tan fácil, tan rápida y eficaz. La uso para tranquilizarme si estoy pasando por un ataque de pánico o siento que esta uno por venir. La uso para quedarme dormido. La uso para relajarme si estoy nervioso por dar un discurso. La uso para todo y para lo que sea.

El Ejercicio 4-7-8

Si solo absorbes una cosa de este libro, **que sea éste.**

Esta pequeña técnica ha tenido para mí el *mayor impacto* para reducir mis ataques de pánico.

"El Ejercicio de Respiración 4-7-8" también llamado *"La Respiración Relajante"* está basada en el pranayama, una antigua práctica India que significa *"regulación de la respiración".* El ejercicio es descrito por el Dr. Andrew Weil como *"un tranquilizante natural para el sistema nervioso"* que lleva al cuerpo a un estado de calma y relajación. ¿Suena bien no?

Hay diferentes teorías de porqué funciona tan bien pero la creencia principal es que estimula la expulsión rápida de dióxido de carbono del cuerpo.

La técnica del Dr. Weil es maravillosamente sencilla, no toma casi nada de tiempo, y puede realizarse en cualquier lugar con solo 5 pasos. A pesar de que puedes hacer el ejercicio en cualquier posición, es recomendado hacerlo sentado con la espalda recta mientras aprendes el ejercicio, así como la posición que habíamos comentado para la meditación.

El Dr. Weil explica: "colocar la punta de la lengua en la encía por encima de los dientes frontales y mantenerla ahí durante el ejercicio entero. Se exhalará por la boca alrededor de la lengua; trata de contraer los labios ligeramente si te sientes algo incómodo." Esto va seguido de los 5 pasos mencionados a continuación:

1. Exhalar completamente por la boca, emitiendo un sonido silbante.
2. Cerrar la boca e inhalar rápidamente por la nariz contando mentalmente hasta cuatro.
3. Mantén la respiración y cuenta hasta siete.
4. Exhala completamente por la boca, emitiendo el sonido silbante contando hasta ocho.
5. Este es un solo respiro. Ahora inhala de nuevo y repite el ciclo tres veces más completando un total de cuatro respiros.

El Dr. Weil enfatiza que lo más importante del proceso es contener la respiración por ocho segundos. Esto se debe a conteniendo la respiración permitirá que el oxigeno llene tus pulmones para que después circule por el cuerpo. Eso es lo que produce un efecto relajante en el cuero.

Lo he mencionado antes y lo dirá de nuevo:

ESTA TECNICA UNICA TE EVITARÁ DE UN ATAQUE DE PANICO

Si sientes que estas por experimentar uno o estás en medio de uno, solo realiza un par de ciclos de éste ejercicio respiratorio y estarás en calma en muy poco tiempo!

PASO 5 - PRÁCTICA DE RESPIRACIÓN DE YOGA

A veces cuando el día se vuelve muy estresante, puedes tener dificultades para dormir por la noche. Algunas personas tienen rituales para dormir, como; encender una vela con incienso, escribir en el diario, meditar, o beber té de manzanilla (yo prefiero un Desayuno Inglés con té, pero como te sientas mejor).

Si la meditación no es lo tuyo, puedes cosechar beneficios similares sin practicar. El yoga incorpora un par de técnicas respiratorias que pueden serte de utilidad.

No te preocupes. No voy a pedirte que realices posiciones extravagantes de yoga. Yo tampoco puedo hacerlo. Lo que está explícito a continuación son ejercicios de respiración adicionales que se han usado por literalmente miles de años entre los practicantes de yoga con resultados bastante sólidos.

Alternar fosas nasales al respirar

Ésta técnica de respiración estilo yoga fomenta una relajación profunda a través del balance de los hemisferios izquierdo y derecho del cerebro conforme el sistema nervioso se va calmando.

- **Siéntate con ambas piernas cruzadas o encima de una almohada.** También puedes arrodillarte de lado de la cama. Ten la libertad de usar cobijas o cualquier otro objeto que te sirva de soporte adecuado.
- **Descansa tu mano izquierda en el muslo izquierdo.** Los dedos de tu mano derecha deberán estar extendidos como si fueras a saludar a alguien. Dobla el dedo índice y el de en medio para que puedan ondularse dentro de la palma.
- **Coloca el pulgar en el lado de la nariz y ligeramente toca la fosa nasa.** Cuando toques las fosas, ten cuidado de no ser obstructivo. La idea el limitar el flujo de aire temporalmente en una fosa.

- **Inhala profundamente y exhala.** Cierra la fosa nasal derecha usando el pulgar. Respira a través de la fosa izquierda por cuatro segundos. Cuando llegues al topa de ese respiro, debes cerrar la fosa izquierda usando el dedo anular.
- **Por cuatro conteos, mantén esta posición para retener el aliento. Libera la fosa nasal derecha y exhala por cuatro segundos.**
- **Después, inhala profundamente por cuatro segundos a través de la fosa derecha.** Al igual que antes, ciérrala, mantén la posición y reten el aliento por cuatro segundos. Libera la fosa izquierda en lo que exhalas completamente por cuatro segundos. Respira profundamente a través de la fosa izquierda y repite el ciclo entero.

Puedes hacer esta técnica respiratoria tan frecuente como lo desees. Cuando termines, continuarás con tu jornada en un estado más relajado.

Respiración de garganta profunda

Esta técnica respiratoria también proviene del yoga. Relaja el cuerpo y tranquiliza la mente. Quizá sea mejor estar en la cama o en un suelo cómodo para esto. Recomendaría hacer el intento justo antes de ir a dormir para que sea de ayuda para descansar por la noche.

- **Simplemente recuéstate boca arriba con tus piernas posicionadas a la altura de tus caderas. Relaja tus brazos en tus costados y cierra los ojos.**
- **Respira profundamente a través de la nariz y exhala por la boca.** Con cada respiro deberás llenar tus pulmones en su totalidad. De una manera similar, con cada exhalación, hazlo en su totalidad.
- **Después de tres ciclos de respiración,** inhala a través de la nariz por cuatro conteos aplicando a la vez un poco de presión en la parte posterior de la garganta. De esta manera, sentirás como si estuvieras respirando a través de un popote en la parte trasera de la garganta además de llenar tus pulmones con aire.
- **Deberás notar el sonido de la respiración imitando el sonido de las olas que van y vienen.** Este sonido es de mucho apoyo para ayudar a quedarte dormido. Puedes

compararlo con el suave ronquido de un bebe.
- **Contén la respiración al tope por cuatro segundos en lo que en silencio observas tus sentimientos.** Deberás aspirar a sentirte relajado y satisfecho. Exhala por la nariz por cuatro segundos haciendo un poco de presión en la garganta..
- Una vez que tus pulmones hayan liberado todo el aire, deberás empezar a sentirlos de nuevo.
- Respira profundo por seis segundos y retén el aliento por otros seis segundos.
- Por último, exhala por seis segundos.
- Repite este procedimiento respiratorio, añadiendo dos segundos por cada ciclo.

Después de que hayas alcanzado tu capacidad máxima de respiración y contención, puedes empezar a eliminar un par de segundos a la vez. De manera que, si doce segundos es el monto máximo de tiempo que puedes hacer, entonces tu siguiente ronda podría reducirse a diez segundos. Continúa substrayendo dos segundos cada vez, para que la próxima ronda sea de ocho años, y así sucesivamente.

Cuando llegues a los cuatro segundos, puedes liberar todo y regresar a la respiración normal. Ahora que has relajado tu cuerpo y mente, puedes disfrutar de dormir en paz y despertar sintiéndote más fresco y rejuvenecido.

LO QUE COMES AFECTA EL CEREBRO

"*Tú eres lo que comes.*"

Todos hemos escuchado esto. Es usualmente un comentario bien intencionado para animarte a alejarte de las papas y hamburguesas hacía algo más verde y saludable.

Solía hacer caso omiso, especialmente en mis años de juventud. Creía que podía comer lo que quería (regularmente un plato de pasta) y estar bien. Y ese fue el caso… por un tiempo.

En un momento durante mi adolescencia, perdí mi empleo. En ese entonces fue lo mejor que me había sucedido.

"*Me estás diciendo que puedo irme a dormir cuando*

quiera, dormir por 13 horas, levantarme cuando quisiera y básicamente pasar mis días sin hacer nada? Apúntame, suena excelente!

Esa fue esencialmente mi actitud. Mucho ha cambiado desde entonces y ya no soy la misma persona de antes. Me levanto temprano todos los días tratando de dar lo mejor de mí y esforzándome hacia grandes metas, pero en aquel entonces, esta mentalidad floja me hacía sentido.

El punto es, que cuando era joven y perdí mi empleo, comencé una rutina de dormir en exceso, despertar y comer un plato grande de pasta y después me sentía cansado, desubicado y desanimado el resto del día.

Dormía alrededor de 12-13 horas al día y aun así estaba cansado todo el tiempo. ¿Qué ocurría? No es de sorprenderse que esta "vida sin metas" ocurriera en el periodo en que la ansiedad y la depresión tocaron mi puerta por primera vez. ¿Coincidencia? No lo creo.

Encontré un cambio drástico en mi energía y ansiedad cuando encontré un trabajo y empecé a "comer" mejor en el trabajo. Mi ansiedad se fue. Mi depresión se fue. Era más feliz porque estaba más saludable. Como puedes adivinar por el título de esta sección, mi opinión en este asunto es muy claro:

LO QUE COMES AFECTA TU HUMOR!

Hay muchos estudios de como las bacterias intestinales afectan tu humor y hay muchos estudios de como una diferencia en la alimentación afecta en cómo te sientes.

Un ejercicio muy sencillo;

Como un ejercicio simple, ¿alguna vez has almorzado?... Me lo imaginé. Ahora, ¿has almorzado un GRAN almuerzo? Me refiero a un par de sándwiches o quizá algo de pasta, un refresco y una galleta de chocolate o dos de postre.

Ahora dime, ¿cómo te sientes después de una hora?

¿Sentías como si estuvieras por quedarte dormido y no podías pensar con claridad? ¿Te sentías un poco lento y letárgico el resto del día? Muy probablemente. (De no ser así, eres una especie de anomalía médica y podrás ganar mucho dinero vendiendo tu cuerpo a la ciencia).

Esto es solo una sencilla ilustración de como los alimentos pueden afectar inmediatamente tu mente y fisiología.

No es de mucha exageración entonces, si esa porción adicional de azúcar en el almuerzo pueda afectarte tan drásticamente que optar por una dieta subóptima pueda contribuir en otras cosas en el largo plazo, en especial, la ansiedad y ataques de pánico.

Sabemos ya que los carbohidratos en exceso causen obesidad (no te preocupes, esto no se está volviendo un libro sobre la dieta). Con el aumento en la tasa de obesidad, estamos viendo una fuerte correlación con un incremento en enfermedades neurodegenerativas como lo es el Alzheimer, ésta siendo denominada por científicos como diabetes tipo 3, ya que resulta de una resistencia a la insulina en el cerebro.

En fin, lo que la ciencia dice, es que el exceso de carbohidratos en altas cantidades durante un periodo de años puede causar daños muy severos en la sangre y la mente.

PERO…

La buena noticia es que *siempre* hay algo que puedes hacer.

La respuesta parece ser en tener una dieta de menor consumo de carbohidratos y mayor consumo de grasa saludable.

¿Por qué lo preguntas?

Estamos empezando a ver evidencia sólida que las grasas saludables mejoran las funciones cognitivas en pacientes con Alzheimer.

Si ese enunciado por sí solo no te entusiasma, ese mismo concepto está siendo aplicado en otras áreas de la medicina. Son muchos los científicos entusiasmados con el hecho de que una dieta baja en carbohidratos, y alta en grasa (llamada "dieta cetogénica) parece tener un efecto muy pronunciado en la inflamación del cuerpo así como todo un sinfín de beneficios.

Yo traté de seguir una dieta cetogénica por un mes. Tuve cero ataques de pánico. Después traté de consumir carbohidratos de nuevo y estos comenzaron de nuevo.

También he experimentado eliminando la cafeína como ya he mencionado. (Bueno, al menos con el café. Soy Británico así que de ninguna manera dejaré el té) He tenido resultados muy exhaustivos en mis cambios.

No más cafeína = No más ansiedad.*

*Al menos para mí!

Ahora, no quiero que este capítulo sea una incitación a un estilo de vida de bajos carbohidratos, ya que encontrarás una infinidad de libros y blogs afirmando que es lo mejor después del pan rebanado. Lo que quería mostrarte es que lo que comes afecta como tu sentir y tu desempeño.

Así que cuando te digo que intentes dejar la cafeína por 30 días y observa cómo se reduce la ansiedad...

Sé que funciona, y este capítulo está por demostrártelo.

Lo que dejas entrar a tu cuerpo hace una gran diferencia en tu ansiedad y reacciones ante el pánico.

Así que come mejor y siéntete mejor por eso!

GUÍA RÁPIDA PARA COMENZAR

ien, todo esto es bueno. Pero, ¿cómo puedes implementar cualquiera de lo visto?

Mantengámoslo simple;

1. Intenta el ejercicio respiratorio 4-7-8 cuando sientas que está por venir un ataque de pánico o en cualquier momento que desees estar relajado…Haz el intento… adelante, te espero.
2. Elimina la cafeína (solo por 30 días)_ Podrás disfrutar de mocha latte doble o triple después de un mes si no sentiste alguna diferencia.
3. Empieza a practicar la meditación atenta

diariamente_ solo se requiere de 10 minutos. Si solo tuvieras que dedicar 10 minutos al día en algo que elimine tu ansiedad y ataques de pánico, ¿lo harías? Exacto, es lo que pensé.

El objeto de cualquiera de las técnicas escritas en el libro es que sean practicadas cuando no las necesites, de esta manera puedas recurrir a ellas con facilidad cuando si hagan falta.

La mayoría de ellas pueden ser realizadas dondequiera, en cualquier momento y sin que nadie lo note. Aun si tienes que disculparte por un minuto o dos e ir al baño a realizar un par de ciclos respiratorios profundos, no es tanto el inconveniente a comparación de tener un ataque de pánico mientras estés en medio del trabajo en tu escritorio!

Así que comienza a practicar y verás que tu ansiedad comenzará a reducirse cada vez más hasta que puedas vivir tu vida al máximo!

Siempre tienes una elección y elegir la eliminación de la ansiedad parece ser una muy buena elección.

Los ataques de pánico pueden ser una experiencia horrible para cualquiera, pero dadas las herramientas y técnicas apropiadas, cualquiera puede vencerlas y vivir una vida plena.

Los métodos descritos en este libro te ayudarán a tomar el control, por si alguna vez sientes que otro ataque está por venir, tengas todo lo necesario para retomar el control, y rápidamente.

Ahora cuentas con las herramientas para reducir la frecuencia de los ataques hasta que se vuelvan una memoria muy distante.

Puedes hacerlo. No es tan difícil. Si realmente

quieres cambiar y deshacerte de los ataques de pánico, los pasos descritos en este libro te llevaran al objetivo.

Ahora ve y vive tu vida bajo tus propios términos!!!

OTROS FORMATOS & TU AUDIOLIBRO GRATUITO

Audiolibro Gratuito

Muchas gracias por tomarte el tiempo de leer mi libro. Realmente espero que te haya sido de utilidad y, en especial, espero que hayas podido usar las herramientas mencionadas para sobrellevar retos que estés enfrentando.

Entiendo que los pasos aquí son más útiles si son repasados periódicamente y a veces con audio es la mejor manera de hacerlo.

Es por eso que invertí mucho tiempo encontrando un narrador y produciendo un audiolibro de alta calidad que he hecho para ti. Puedes encontrarlo en Audible e incluso obtener una copia GRATIS al firmar utilizando la siguiente liga:

http://www.audible.com/offers/30free?asin=B01N4GGH8U

Como divulgación general, esta es una liga afiliada que me ayuda a mí y a mis escritos, pero si no deseas usar dicha liga, siéntete en libertad de firmar por separado… no me ofenderé!

Libro de Bolsillo

Si prefieres tus libros de la manera tradicional con el formato de bolsillo, puedes obtener tu copia aquí:

https://www.createspace.com/6677106

GRACIAS

Gracias de nuevo por descargar este libro!

Espero que este libro te haya sido de ayuda para eliminar los ataques de pánico y retomar el control de tu vida.

El siguiente paso es salir y vivir tu vida al máximo!

Por último, si disfrutaste este libro, quisiera pedirte un favor, ¿serías tan amable de dejar una reseña de este libro en Amazon? Te lo agradecería mucho!

Gracias y buena suerte!

Ed Jones

www.ingramcontent.com/pod-product-compliance
Lightning Source LLC
Chambersburg PA
CBHW060356080526
44583CB00012B/347